14.80
8.80

Daniela P.

Harriet Buchheit

Pferdeverrückt

ENSSLIN & LAIBLIN VERLAG REUTLINGEN

Titelfoto: Friedemann Ohnmacht
Umschlaggestaltung: Studio Ariane

©Ensslin & Laiblin Verlag GmbH & Co. KG Reutlingen 1989. Sämtliche Rechte, auch die der Verfilmung, des Vortrags, der Rundfunk- und Fernsehübertragung, der Verbreitung durch Kassetten und Schallplatten sowie der fotomechanischen Wiedergabe, vorbehalten. Satz: ensslin-typodienst. Reproduktion: Gröning Reproduktion GmbH, Ditzingen. Gesamtherstellung: Wilhelm Röck, Weinsberg. Printed in Germany. ISBN 3-7709-0683-7

Ganz einfach pferdeverrückt

Manchmal trifft man auf ein Pferd, von dem man auf den ersten Blick weiß: Dieses Pferd möchtest du reiten — oder, wenn möglich, sogar besitzen. Als ich Alpenveilchen zum erstenmal sah, war mir sofort klar, daß sie nicht zu diesen Pferden gehörte.
Ich mochte sie überhaupt nicht.
Hauptsächlich waren daran wohl ihre ständig nach hinten gelegten Ohren und der abweisende Ausdruck ihres Gesichtes schuld. Auch die Augen blickten nicht gerade freundlich. Eine Woche später gehörte die Stute uns. Sie verließ den engen Ständer und wechselte in eine der geräumigen Boxen unseres Reitstalles über. Glücklich über diesen vorteilhaften Wechsel schien sie nicht zu sein; sie schaute noch ebenso wütend und bockig drein wie zuvor.
Schuld an allem hatte natürlich Papa. Er ist ein leidenschaftlicher Reiter, hat aber leider nicht gerade das, was man als Pferdeverstand bezeichnet. Mama ist in dieser Beziehung noch schlimmer. Sie reitet überhaupt nicht, hat gar keine Ahnung und liebt Pferde abgöttisch. Beide bringen also die besten Voraussetzungen mit, ein Pferd zu kaufen.
Plötzlich gehörte Alpenveilchen also uns. Weder ich noch meine Schwester Susan waren begeistert darüber. Übrigens, Alpenveilchen war weder unser erstes noch unser einziges Pferd.
Begonnen hatte alles mit Snowking. Papa hatte ihn aus purer Sentimentalität gekauft. Auf Snowking hatte er seine erste Longenstunde erhalten, und als das Pferd ein, zwei Jahre später, zwanzigjährig, geschlachtet werden sollte, kaufte Papa es kurzerhand. Drei Jahre später wurde Snowkings Pferdedasein beendet. Er

litt an so schlimmem Asthma, daß Mama und Papa ihn einschläfern lassen mußten.

Papas wunderbarer Idee, sich selbst und die ganze Familie zu trösten, entsprang der Kauf unseres zweiten Pferdes. Samantha war eine braune Vollblutstute, hitzig und dickköpfig. Zu jener Zeit entdeckte Papa seine große Liebe zum Geländereiten. Seine ausgedehnten Geländetouren gipfelten meistens in einem kilometerweiten, rasenden Galopp, denn Samantha, früher Rennpferd, dachte gar nicht daran, wieder stehenzubleiben, wenn sie erst einmal galoppierte. Sie lief und lief und lief — und wenn Papa sie endlich stoppen konnte, brauchte er meist Stunden für den Rückweg.

Auf Samantha erhielten Susan und ich unsere ersten Reitstunden, die meistens aus einer nicht enden wollenden Anzahl von Stürzen bestanden. Sogar unseren Eltern wurde die Sache allmählich zu gefährlich. Eines Tages kehrte Samantha allein von einem Ausritt mit Papa zurück, schweißtriefend und ausgepumpt. Papa fanden wir etwa zwei Stunden später auf einem Waldweg, meilenweit von unserem Haus entfernt, mit einer unangenehmen Unterschenkelfraktur.

Das besiegelte Samanthas Schicksal. Die Stute wurde verkauft. Wir trennten uns schweren Herzens und nur unter Tränen von ihr. Papa, zu jener Zeit bereits im Gehgips, starrte dem Wagen, der Samantha abtransportierte, noch lange nach. Die Stute wurde übrigens ein ausgezeichnetes Springpferd; wir haben ihren Namen oft in den Fachzeitschriften lesen können.

Monate vergingen, ohne daß wir ein neues Pferd bekamen. Susan und ich nahmen im Reitverein Stunden auf Schulpferden, und allmählich machten wir tatsächlich Fortschritte. Es war ein überwältigendes Gefühl, sich endlich einmal länger als fünf Minuten auf dem Pferd, nicht nur daneben oder darunter zu befinden.

Der Wunsch nach einem neuen eigenen Pferd wurde immer drängender. Und diesmal ergriff Mama die In-

itiative. Sie verliebte sich in einen mageren Schimmel, der eines Tages in unserem Stall auftauchte. »Seine Farbe ist so schön«, schwärmte sie uns zu Hause vor, »und er ist so dünn.«
Natürlich waren das keine Argumente, die für den Kauf eines Pferdes sprechen. Aber Mama und Papa sahen die ganze Sache nicht so eng. Mama bekam ihren Apfelschimmel und ging sofort mit Begeisterung daran, ihn aufzupäppeln und herauszufüttern.
Der Zufall hatte es gewollt, daß Husar – unser Schimmel – tatsächlich ein gutes Pferd war. Fünf Jahre alt, kerngesund, gut veranlagt. Ein Glücksgriff. Papa war selig, seine alte Liebe für Geländeritte flackerte neu auf, und Husar erwies sich als ausgezeichnetes Geländepferd, ruhig, gutmütig, immer bereit mitzumachen.
Zu der Zeit, als unsere Eltern ihn kauften, befand Susan sich gerade in England, um während der Sommerferien ihr miserables Englisch aufzubessern. Papa hielt eine Fünf im Zeugnis für absolut indiskutabel. So kam Susan nach England, während ich mit meiner Zwei zu Hause bleiben und Däumchen drehen durfte.
Als Susan nach sechs Wochen zurückkam, hatte sie nicht nur gutes Englisch, sondern auch springen gelernt. Ich trabte noch immer über Cavaletti. Ohne mit der Wimper zu zucken, prüfte Susan Husars Springvermögen, erklärte sich dann mit dem Kauf einverstanden und gewann im Herbst beim Vereinsturnier das E-Springen für Jugendliche. Ich beschloß umgehend, mich in Zukunft auf Dressur zu spezialisieren. Damals war ich elf und Susan zwölf. Bis heute ist es so geblieben, daß ich überwiegend Dressur reite, sie vornehmlich springt. Mittlerweile bin ich fast sechzehn und Susan beinahe siebzehn. In Susans Zimmer hängen an die fünf Dutzend Preisrosetten, in meinem nicht einmal halb so viele. Ganz einfach deshalb, weil Husar ein prima Springer ist, aber nicht annähernd soviel von Dressur hält. Und das entschied die Sache.

»Es ist nicht richtig, daß Susan ein gutes Springpferd hat und Miriam mit ihrer Vorliebe für Dressur hinten anstehen muß«, stellte Mama eines Tages fest. Susan hatte gerade drei Schleifen gewonnen, und ich war wieder einmal leer ausgegangen.
»Und was sollen wir dagegen tun?« fragte Papa.
»Miriam könnte sich ja auch aufs Springen verlegen«, schlug Susan vor. Sie thronte noch immer in Husars Sattel und war ganz obenauf.
»Will ich aber nicht«, entgegnete ich und streichelte Husars hellgraues Fell. Bald würde er ganz weiß sein, überlegte ich.
»Und wenn wir . . . ?« setzte Mama an.
»Was denn?«
»Na, ich dachte an ein zweites Pferd.«
Zwei Pferde? Der Gedanke war nicht ohne Reiz.
»Prima«, fand Susan sofort, »wann kaufen wir es?«
Papa protestierte schwach. »Wer kann sich schon zwei Pferde leisten?«
»Wendels zum Beispiel«, ereiferte Susan sich, »und Bartschmitts.«
»Aber wir nicht«, behauptete Papa. Es klang nicht überzeugend. Der Gedanke an ein zweites Pferd war zu verlockend.
Susan stellte sich in die Steigbügel. »Da kommt Angie!« rief sie und winkte der Freundin heftig zu. Angie ging in Susans Klasse, besaß ebenfalls ein eigenes Pferd und ritt auch fast ausschließlich Springen.
»He!« brüllte Susan jetzt. »Stell dir vor, wir bekommen noch ein Pferd!«
Alle Leute drehten sich nach uns um, einige erstaunt, andere grinsend.
»Noch ist nichts entschieden«, widersprach Papa, aber es war ihm anzusehen, daß er dahinschmolz wie Butter in der Sonne.
Angie, klein und blondlockig, polterte auf ihrem riesigen Braunen Absalon näher, parierte durch, strahlte

uns an. »Finde ich gut«, erklärte sie. »Wird es ein Pferd für dich, Miriam?«
»Ein Dressurpferd, hoffe ich«, schwächte ich ab.
Papa sagte nichts mehr. Im Geiste überschlug er wohl die anfallenden Kosten. Sein Gehalt als Lehrer an der Realschule, Mamas Gehalt als Lehrerin an der Grundschule ... Seine Miene heiterte sich zusehends auf. Klarer Fall, wenn wir nur wollten, konnten wir uns ein zweites Pferd leisten.
»Man kann vieles erreichen, wenn man nur wirklich will«, pflegte Mama stets zu sagen. Wir wollten alle vier. Der Pferdekauf war beschlossene Sache.
Am Abend kam Susan in mein Zimmer, um sich noch einmal über die ganze Angelegenheit zu unterhalten.
»Toll, wenn man solche Eltern hat«, fand sie.
Ich nickte dazu. »Mama und Papa sind einsame Spitze«, urteilte ich. »Sie haben zwar kaum Ahnung von Pferden, aber ...«
Susan verstand. »Denk doch mal an Annette«, eiferte sie sich. »Ihr Vater ist Arzt, verdient ein Heidengeld, ich weiß das, Annette hat es mir erzählt. Er kann sich vor Patienten kaum retten. Der könnte seiner Tochter drei Turnierpferde hinstellen und müßte nicht mal ans Sparen denken. Aber er ist ein Geizhals. Dafür fährt er ein Auto, das an die hunderttausend Mark gekostet hat. Und im Sommer hat er einen eigenen Swimmingpool im Garten anlegen lassen.«
Ich nickte recht düster. »Wenn Annettes Großvater nicht wäre ...«
»Der hat bestimmt nicht viel Geld. Aber er leistet sich ein Pferd, nur damit Annette reiten kann. Er selbst reitet nicht mehr. Alles Annette zuliebe – fast alles jedenfalls.« Wieder nickte ich.
»Mensch, ich freu' mich so!« Susans Augen blitzten. »Wir kaufen noch ein Pferd!« So sprunghaft war sie immer. »Aber diesmal nehmen wir die Sache in die Hand, damit wir ein wirklich gutes Pferd kriegen.«

Ich nickte ein drittes Mal. Mama und Papa die ganze Sache zu überlassen, war natürlich zu riskant.
»Wir reden mit Grünbaum«, beschloß Susan. »Gleich morgen. Ne, da ist Stehtag, also übermorgen. Abgemacht?«
»Abgemacht«, sagte ich. Schließlich sollte das neue Pferd in erster Linie mein Pferd werden, mir mußte es gefallen, ich wollte ein Wörtchen mitreden.

»Am besten«, meinte Mama am nächsten Morgen beim Frühstück, »würde mir ein schwarzes Pferd gefallen – für Miriam.«
»Ein Rappe, meinst du«, nuschelte Susan undeutlich hinter ihrem Käsebrot hervor.
»Sprich nicht mit vollem Mund«, mahnte Papa milde. Er hatte dabei einige Schwierigkeiten, da er gerade genußvoll ein Schinkenhörnchen kaute.
»Eben. Ein Rappe ist doch schwarz.« Mama wirkte erstaunt, wußte nicht so genau, worauf Susan hinauswollte. »Denkt doch mal«, schwärmte sie dann, »Miriam mit ihrem blonden Haar auf einem Rappen, Susan mit ihrem schwarzen Haar auf einem ...« Sie fing Susans Blick auf und brach ab.
»Sag nicht: auf einem weißen Pferd«, drohte Susan.
»Aber was denkst du denn! Auf einem Schimmel, wollte ich sagen«, beteuerte Mama.
Jetzt mischte Papa sich ein. »Man kauft ein Pferd nicht nach seiner Farbe«, erklärte er. »Ein gutes Pferd hat keine Farbe.«
Mama schwieg. Susan und ich schwiegen aus Gründen der Diplomatie ebenfalls.
Einen Tag später entdeckte Mama einen Neuankömmling im Reitstall. Im letzten Ständer stand eine Rappstute, etwa einsfünfundsechzig groß, ohne ein weißes Abzeichen. Mama war begeistert.
Während Papa, Susan und ich mit unserem Reitlehrer, Herrn Grünbaum, sprachen, hatte Mama ihr Herz be-

reits verloren. Als wir ihr entgegenkamen, stand für sie bereits alles fest.
»Seht nur«, sagte sie eifrig, »da steht ein neues Pferd, eine schwarze Stute — ist die zu verkaufen?«
Herr Grünbaum nickte bestätigend. »Ja, die Stute steht zum Verkauf.«
Papa betrachtete das Pferd eingehend. »Sieht nicht übel aus«, urteilte er.
»Hat auch recht nette Anlagen«, behauptete unser Reitlehrer. »Die Stute ist sechsjährig, turniererfahren, vielleicht etwas zickig ...«
Ich betrachtete die zurückgelegten Ohren und den wütenden Ausdruck auf dem Gesicht des Pferdes und wußte sofort: Die nicht! Die ganz bestimmt nicht!
Der Rest ist bereits bekannt. Meine Eltern kauften das Pferd, weil es schwarz, turniererfahren und angeblich dressurveranlagt war.
Keine Frage, die Veranlagung konnte man Alpenveilchen nicht absprechen. Sie hatte fließende Gänge, brachte Schwung und eine gewisse Ausstrahlung mit. Aber eben nur eine gewisse Ausstrahlung, die ganz schnell ins Negative umschlagen konnte.
Papa hatte Alpenveilchen einmal geritten und war begeistert. Sie genügte seinen Anforderungen vollkommen. Papa legte nämlich keinen übermäßig großen Wert auf Durchlässigkeit und konstante Anlehnung, überhaupt auf Rittigkeit. Alpenveilchen war brav und tat irgendwie, was er wollte. Daß Susan und ich uns etwas mehr vorstellten, erfaßte er nicht, und daß uns die Stute ganz einfach unsympathisch war, konnte er nicht verstehen. Mama auch nicht.
Also — wir atmeten tief durch und taten das einzig Richtige und Vernünftige. Wir versuchten, aus der ganzen Sache das Beste zu machen. »Wir haben ja noch Husar.« Damit tröstete Susan sich und mich.
Angie meinte: »Vielleicht macht sie sich noch. Und für den gräßlichen Namen kann sie ja nichts.«

»Man kann aus jedem Pferd etwas machen«, lautete Annettes Kommentar.
Daß Günther daraufhin flachste: »Ja, Hundefutter«, überhörten wir natürlich.
Wir beschlossen, es mit Alpenveilchen zu versuchen. Warum, weiß der Himmel. Wahrscheinlich deshalb, weil wir ganz einfach verrückt sind. Pferdeverrückt.

Ein Heim für Bobby

Altenburgweide liegt, kulturell gesehen, gleich hinterm Mond. Das Zentrum der knapp tausend Einwohner zählenden Gemeinde bilden ein kleiner, holpriger Marktplatz, ein altes, etwas düster wirkendes Postgebäude, die Gemeindebücherei und die einzige Wirtschaft des Ortes. Der Wirt vermietet auch Fremdenzimmer und besitzt zwei Shetlandponys, mit denen er sonntags spazierenfährt.
Der Rest des Dorfes besteht hauptsächlich aus Ein- und Zweifamilienhäusern und Bauernhöfen. Im Westen schließt sich der Fußballplatz an, im Süden ein kleines Neubaugebiet. Und dort, in der Birnbaumstraße, in einem hübschen Einfamilienhaus mit kleinem Garten, dort wohnen wir.
Wir, das sind also Mama und Papa, Susan und ich, außerdem der schwarze Kater Pedro, der sich zu Hause fast nie blicken läßt, und die Dackelhündin Mitzi, die dank Mamas üppiger Küche und aufgrund ihres Alters kaum noch bereit ist, die Nase vor die Tür zu stecken. Gleich neben uns wohnt Günther mit seinen Eltern. Und unten an der Ecke befindet sich der Birnbaumhof, ein romantischer alter Bauernhof mit Stall und Weiden, der von einem ziemlich muffeligen Ehepaar bewirtschaftet wird. Die beiden haben die Landwirtschaft aus Altersgründen vor etwa einem Jahr aufgegeben. Jetzt beschäftigen sie sich oft damit, die Nach-

barn zu beobachten und Tratsch in Umlauf zu setzen. In Altenburgweide wurde ziemlich viel geklatscht. Aufgrund der Tatsache, daß wir ein Pferd besaßen, bot unsere Familie genügend Angriffsfläche. Dazu kam noch, daß wir eine ausgesprochen glückliche Familie sind, mit netten, lustigen Eltern und Kindern, die weder ganze Nächte in Kneipen herumlungerten noch vergammelt herumliefen, noch reaktionäre Ideen ausbrüteten. In der Tat verdächtig! Und jetzt hatten wir auch noch ein zweites Pferd gekauft. Zwar standen die Pferde in Neuenburgweide, etwa zwei Kilometer entfernt, im dortigen Reitstall. Aber Bescheid wußte jeder. Alpenveilchen gehörte uns kaum, als schon das ganze Dorf davon sprach.
»Zwei Gäule.« Die Nachbarn waren empört, »wie die sich so was leisten können!«
»Verwöhnte Gören!« hieß es dann.
»Luxus... Weiß Gott, woher die das Geld haben!«
Günther war der einzige im Ort, der die ganze Sache prima fand. Und seine Eltern eigentlich auch. Sie unterstützten die Reitleidenschaft ihres Sohnes, so gut sie konnten, und freuten sich, daß er einem sinnvollen Hobby nachging, anstatt eine Rockerbande zu gründen oder sich zum faulen Eckensteher zu entwickeln. Günther war es dann auch, der uns am ersten Sonntag nach Alpenveilchens Kauf zusammentrommelte.
»Wir haben eure Neuerwerbung noch gar nicht gefeiert«, beschwerte er sich. »Ich bin dafür, daß ihr eine Flasche Sekt spendiert. Dann reiten wir aus.«
Susan und ich tauschten einen raschen Blick und stimmten dann zu. Alpenveilchen war im Gelände eine Lebensversicherung, sogar Papa war schon mit ihr ausgeritten. Günther bestellte also den Sekt und fünf Gläser, und wir stießen auf unsere Neuerwerbung an.
»Färbers haben schon dafür gesorgt, daß das ganze Dorf Bescheid weiß«, berichtete Günther, während die Sektflasche die erste Runde machte. Färbers waren

die Besitzer des Birnbaumhofes. »Sie behaupten, ihr würdet an Verschwendungssucht leiden.«
Susan und ich zeigten uns wenig beeindruckt. Wir wußten bereits, daß wir in den Augen unserer lieben Mitbürger als nicht voll zurechnungsfähig galten.
»In Neuenburgweide kümmert sich kein Mensch um solche Dinge«, bemerkte Annette.
Sie und Angie wohnten beide in Neuenburgweide. Der Ort war nicht viel größer als unser Dörfchen, aber ungemein fortschrittlich. Neben dem Reitstall gab es dort eine Grundschule, in der Mama Lehrerin war, eine Realschule, in der Papa lehrte, ein Gemeindehaus, einen Kindergarten, eine Apotheke, ein Café und ein kleines Kino. Und geklatscht wurde dort fast nicht. Wir redeten noch eine Weile hin und her, kamen irgendwie auf die Shettys unseres Wirts und schließlich auf Bobby, das Milchwagenpferd aus Neuenburgweide.
»Asthma soll es haben«, berichtete Angie. »Der Milchmann wohnt doch bei uns um die Ecke. Von unserem Balkon aus kann man seinen Stall sehen. Na, und manchmal, nachts, höre ich Bobby husten. Der Arme. Es klingt ganz gräßlich.«
»Deshalb schnauft er immer so fürchterlich, wenn er den Wagen zieht.« Annette stützte nachdenklich das Kinn auf. »Wie alt mag er wohl sein?«
»Mindestens zwanzig«, behauptete Günther.
»Und wenn er mal nicht mehr kann?« Susan sah uns aus großen Augen an. »Was dann?«
Annette zuckte mit den Schultern. »Der Milchmann ist ja selbst schon ziemlich alt. Ich glaube kaum, daß er sich noch mal ein Pferd zulegen wird. Lohnt sich doch gar nicht, in unserer Zeit die Milch noch mit Pferd und Wagen auszufahren.«
»Manchen Leuten hat's gefallen«, murmelte Angie trotzig. »Bobby und der Milchmann – die gehören einfach zu Neuenburgweide.«
Der Sekt schmeckte uns plötzlich nicht mehr.

Mir schmeckte er ohnehin nicht besonders, ich bin mehr für Milchshake mit Schokolade. Aber Sekt war natürlich vornehmer, um Alpenveilchen zu feiern.
Ich schluckte und schob mein Glas beiseite. »Wollen wir nicht endlich losreiten?« fragte ich.
Die anderen stimmten zu. Wir schüttelten unsere trüben Gedanken erst einmal ab und stiefelten hinüber zum Stall, um unsere Pferde zu putzen und zu satteln. Günther besaß kein eigenes Pferd, ritt aber zwei kräftige Westfalen, die dem Apotheker aus Neuenburgweide gehörten. Er machte den einen fertig und wartete dann auf uns Mädchen.
»Weiberwirtschaft«, spottete er. »Ihr braucht immer doppelt so lange! Die Hälfte Streicheleinheiten würde es doch auch tun.«
Was mich betraf — ich kam bei Alpenveilchen ganz gut ohne Streicheleinheiten aus. Die Stute bekam einen raschen Klaps, den sie mit wütendem Gesichtsausdruck zur Kenntnis nahm. Danach war ich damit beschäftigt, ihren flinken Hufen auszuweichen und ihr bei ihrem Gehüpfe durch die Box zu folgen. Kein Wunder, daß ich als letzte fertig war. Die anderen warteten bereits, als ich Alpenveilchen ins Freie führte.
»Wohin reiten wir?« fragte Angie tatendurstig und stellte sich in die Bügel, um Reithose, Bluse und Pulli zurechtzurücken.
Es war ein kühler Septembertag. Am Morgen hatte auf den Wiesen Tau gelegen, und Nebelschwaden waren um die Bäume gestrichen. Jetzt, gegen elf, hatte sich der Schleier gehoben, und goldene Sonnenstrahlen brachen sich in den Tautropfen. Die Pferde atmeten die klare Luft tief ein und spitzten die Ohren. Ihre leuchtenden Augen ließen erkennen, daß sie sich auf den Ausritt freuten.
Sogar Alpenveilchens Miene wurde etwas freundlicher. Sie entschloß sich, ein Ohr nach vorn zu klappen und einen interessierten Eindruck zu machen.

»Beeil dich doch!« drängte Annette, die ihre zappelige Stute Salome kaum noch halten konnte. Salome tanzte auf der Stelle und wäre am liebsten gleich auf und davon gegangen.
Ich wollte schnell nachgurten und aufsitzen, aber Alpenveilchen durchschaute meine Absichten. Sofort schnellten beide Ohren zurück, legten sich hart an den Kopf, die Nüstern wurden schmal, um die Augen erschienen weiße Ringe. »Altes Biest!« stieß ich aus und gurtete trotz Alpenveilchens wilder Proteste kräftig nach. Als ich den rechten Zügel entsprechend kurz nahm, begann sie, rückwärts zu laufen.
Einen Fuß bereits im Bügel, hüpfte ich, so schnell ich konnte, neben ihr her.
»Mistbiene!« schimpfte auch Susan.
Günther grinste und schien sich prächtig zu amüsieren. »Hast du Schwierigkeiten beim Aufsitzen, Miriam?« fragte er scheinheilig.
»Nicht im mindesten«, schimpfte ich atemlos. Dann gelang es mir, den Fuß aus dem Bügel zu ziehen.
»Wie schafft es denn euer Vater aufzusitzen?« Annette staunte.
»Das weiß der Himmel«, stieß ich aus. »Mich würde noch mehr interessieren, was er an diesem Dusseltier überhaupt findet. So ein blödes Pferd zu kaufen.«
Wieder setzte ich einen Fuß in den Bügel, und sofort begann Alpenveilchen erneut, rückwärts zu laufen. Zum Glück stieß sie nach zwei Metern mit dem Hinterteil gegen den Zaun, so daß sie erschrocken nach vorn sprang und dann erst mal verwirrt stehen blieb. Diese Sekunde genügte mir, um aufzusitzen.
»Bravo!« lobte Günther, Spott in der Stimme. »Nun kommen wir doch noch bei Tageslicht weg.«
»Affe!« stieß ich aus.
Zu Alpenveilchens Ehrenrettung sei gesagt, daß sie sich während des Ausrittes tadellos benahm. Solange sie im wesentlichen das tun konnte, was sie wollte, ver-

hielt sie sich anständig. Kein Wunder also, daß Papa, der nie irgend etwas von einem Pferd verlangte, mit ihr zurechtkam. Und Mama, unsere liebe, pferdeunkundige Mama, war ganz einfach glücklich, daß wir einen Rappen bekommen hatten. Daß ich die ganze Suppe auslöffeln mußte, die meine Eltern uns eingebrockt hatten, daran dachte kein Mensch.
». . . ein blöder Name«, hörte ich auf einmal Susan sagen. Ihre Stimme und diese Worte rissen mich aus meinen Gedanken. »Wir müßten sie umtaufen.«
»Wie willst du sie denn nennen?« Annette bedachte Alpenveilchen mit einem kritischen Blick.
»Rosinante«, schlug Günther vor.
»Wie albern«, fand Angie. »Nein, sie braucht einen schönen Namen. Vielleicht paßt sie sich dann dem Namen an.«
»Hoffnungen hegt ihr!« Günther lachte nur. »Wie wäre es mit Donnerdüse?«
Alpenveilchens Ohren klemmten sich wieder an den Kopf, so, als verstünde sie, worum es ging. Dann aber sah ich, daß Salome neben ihr aufgetaucht war, und sie konnte andere Pferde neben sich nicht leiden.
»Alpi – oder Veilchen, nur so, zum Rufen«, schlug Annette vor. »Was meinst du, Miriam?«
»Ich komme eigentlich mit alte Ziege und Mistbiene ganz gut hin«, antwortete ich trocken.
Die anderen lachten.
»Ich wüßte nichts, was mir weniger wichtig wäre als Alpenveilchens Name«, fügte ich noch hinzu.
»Gut formuliert«, meinte Günther und zog einen imaginären Hut vor mir. »He, seht mal!« rief er dann. »Dort vorne ist schon unser Stall! Ich sehe das Dach!«
»Was du nicht sagst!« Schon wieder flachsten wir.
»Hört mal«, warf Annette dann ein, »habt ihr nicht Lust, schnell meinen Großvater zu besuchen? Wenn wir hier nach rechts abbiegen, sind wir in fünf Minuten dort. Er würde sich freuen, bestimmt.«

Angie warf einen besorgten Blick auf die Uhr. »Meine Eltern haben es nicht so gern, wenn ich zu spät zum Essen komme.«
»Unsere stört's nicht«, meinte Susan.
»Meine auch nicht«, behauptete Günther. »Also los, Annette, besuchen wir deinen Großvater.«
»Ich reite lieber zum Stall zurück. Ich bin sowieso schon spät dran.« Angie wendete ihren Absalon und lenkte ihn Richtung Reitstall. Wir winkten ihr nach, und sie winkte zurück. Alpenveilchen mußte natürlich einen Riesentanz aufführen, als das andere Pferd Richtung Stall verschwand, während sie in die entgegengesetzte Richtung gezwungen wurde. Daß die anderen Pferde bei ihr blieben, beruhigte sie nicht. Natürlich ging es ihr nicht um Absalon. Sie wollte schlicht und einfach in ihre Box und dann in Ruhe gelassen werden. Es dauerte ziemlich lange, bis ich sie davon überzeugt hatte, daß ich hier tonangebend war. Schließlich hüpfte sie mit steifen, zornigen Sprüngen den anderen Pferden hinterher, und ihr Gesichtsausdruck war wütender denn je.
Wenn diese Ziege jemals einen Dressurrichter so anschaut, sind wir von vornherein Letzte, überlegte ich.
»Mach schon, Miriam!« brüllte Susan mir zu.
Husar trabte gleichmäßig dahin, schwungvoll und willig wie immer. Ich unterdrückte einen tiefen Seufzer. Wie sehr wünschte ich mir, ich hätte damals in Englisch die Fünf gehabt, wäre nach England gefahren und hätte dort springen gelernt. Dann würde ich heute Husar reiten, und Susan hätte sich vielleicht aufs Dressurreiten verlegt.
Ich trieb Alpenveilchen etwas mehr an und fühlte, wie sie sich sofort von den Ohren bis zum Schweif verspannte, festmachte wie ein Stock.
»Und mit so was soll man Dressur reiten«, maulte ich. Gute Gänge allein machten eben keinen Dressursieger aus.

Nach zehn Minuten hatten wir das Haus von Annettes Großvater erreicht. Wir mochten den alten Herrn, hatten ihn schon öfter besucht, schätzten vor allem seine winzige, gemütliche Wohnung und seine Gastfreundschaft. Heute konnten wir natürlich nicht ins Haus kommen, da wir die Pferde dabeihatten.
Also brachte Annettes Großvater uns Limonade nach draußen und streichelte abwechselnd unsere Pferde.
Alpenveilchen musterte er aus schmalen Augenschlitzen. »Ihr habt ein neues Pferd, Miriam?«
Ich nickte und konnte nicht verhindern, daß mir ein tiefer Seufzer entschlüpfte. »Ja, diese alte Ziege hier.«
»Alte Ziege?«
»Ach, sie ist gräßlich«, unterstützte Susan mich. »Mürrisch und biestig und absolut unrittig.«
»Weshalb habt ihr sie dann gekauft?«
»Sie gefiel Mama, und Papa war begeistert«, erklärte ich. »Solange man die Stute nicht anfaßt, ist sie okay. Im Gelände geht sie recht brav, das genügt Papa ja.«
»Dabei wollten wir ein Dressurpferd«, ergänzte Susan.
»Alpenveilchen hat ja auch gute Gänge«, erläuterte ich. »Von der Veranlagung her könnte sie gut sein. Aber sie will nicht. Sie macht nicht mit. Sie steht, wie man so schön sagt, total daneben.«
»Verkauft sie wieder«, schlug Annettes Großvater vor.
»Ach, das sagt sich so . . .« Susan und ich tauschten einen raschen Blick aus.
Annettes Großvater lachte. »Das schafft ihr auch nicht einfach so, was? Tja, man hat's nicht leicht, wenn man so pferdeverrückt ist.« Er fuhr sich nachdenklich über seinen kurzgeschnittenen, schneeweißen Bart und blinzelte uns aus hellblauen Augen freundlich an. »Wißt ihr schon von Bobby?« fragte er uns dann.
»Daß er Asthma hat? Wissen wir«, bestätigte Günther.
»Nicht nur das. Mir ist zu Ohren gekommen, daß der Milchmann sich zur Ruhe setzen will. Alt genug ist er ja, und Bobby scheint es nicht mehr zu schaffen.«

Er brach ab. Schweigend und aufmerksam schauten wir ihn an. Sogar die Pferde standen ganz still, so, als prüften sie unsere Spannung.
»Und — und was heißt das?« fragte Susan endlich.
Annettes Großvater machte ein ernstes Gesicht. »Er wird nicht mehr gebraucht — kann sich sein Futter auch sonst nirgendwo mehr verdienen, weil er krank ist. Was wird das wohl bedeuten, Kinder?«
Auf diese Frage mußte man keine Antwort geben.
»Aber — dagegen muß man doch etwas tun können«, meinte Annette endlich betreten.
»Was denn schon?« fragte Günther. »Du kannst den Milchmann doch nicht zwingen, Bobby zu behalten.«
»Außerdem hätte er wahrscheinlich kein Geld für den Unterhalt«, mischte Susan sich ein.
Wieder schwiegen wir eine kleine Weile. Uns allen war der Gedanke schrecklich, daß Bobby, der jahrelang treu und brav seinen Dienst verrichtet hatte, nun geschlachtet werden sollte. Wir kannten das Pferd seit Jahren, fast seit wir denken konnten, war es jeden Tag, bei Wind und Wetter, durch die Straßen geklappert. Wir hatten als Kinder schon auf seinem breiten Rücken gesessen und es mit Zucker und Mohrrüben gefüttert.
Annettes Großvater blickte uns aus seinen kleinen hellblauen Augen freundlich an. »Keiner von uns wird jünger«, sagte er, »und wir alle müssen einmal sterben.«
»Aber nicht umgebracht werden!« stieß Annette aus.
Wir sahen sie zustimmend an.
Dann heftete Annette ihren Blick fest auf den Großvater. »Kannst du denn nichts tun?« fragte sie.
Der alte Mann lächelte ein wenig traurig. »Kind, ich wünschte, ich könnte es. Aber du weißt doch selbst, daß ich kein reicher Mann bin. Allein Salome...« Er brach ab, und wir senkten beschämt die Köpfe. Wir alle wußten, wie schwer es Annettes Großvater fiel, für den Unterhalt der Stute aufzukommen. Aber er liebte Pferde über alles.

»Und wann — wann soll Bobby geschlachtet werden?« fragte ich mit trockener Kehle.
»Nicht vor Ende des Monats. So lange muß er ja noch den Wagen ziehen«, antwortete Annettes Großvater.
»Oh, ich hoffe so, daß sich ein anderer Käufer findet«, sagte Annette inbrünstig. Damit sprach sie aus, was wir alle dachten und wünschten.
Eine kleine Weile später machten wir uns auf den Heimweg, da die Pferde anfingen, unruhig zu werden. Wir alle waren nicht bei der Sache, jeder von uns dachte an Bobby und sein Schicksal. Sogar Günther, der nicht so gefühlvoll veranlagt war wie wir Mädchen, machte ein betretenes Gesicht. Er war ebensowenig zu Scherzen und Plauderei aufgelegt wie wir.
Ich konnte mich nicht einmal mehr über Alpenveilchen ärgern. Gut, ich hatte ein Pferd, das ich nicht mochte und das meine Gefühle offensichtlich erwiderte. Aber was zählte das in einem Augenblick, in dem Bobby, unser guter, alter Bobby, geschlachtet werden sollte? Zugegeben, in den letzten Jahren, als wir selbst angefangen hatten zu reiten, war Bobby für uns weniger interessant gewesen. Wir hatten nicht mehr auf seinem Rücken gesessen, ihn nicht mehr mit Liebkosungen und Leckereien überschüttet. Aber wenn wir ihn trafen, streichelten wir ihn, sprachen ein wenig mit ihm. Er war nach wie vor ein Teil unserer Umgebung und ein bißchen auch ein Teil unseres Lebens. Wir konnten uns nicht einfach damit abfinden, daß er weggeschafft werden sollte, nur, weil er nutzlos geworden war.
»Wir müssen eine Lösung finden«, sagte Günther, als wir vor dem Stall aus dem Sattel sprangen.
»Ach, wie stellst du dir das vor?« Annette seufzte tief.
»Laßt mich nur nachdenken. Wäre doch gelacht, wenn uns nichts einfiele.«
Mit langsamen Bewegungen lockerten wir die Sattelgurte und schoben die Bügel hoch. Alpenveilchen zerrte zur Stalltür und renkte mir dabei fast den Arm

aus. Vor der Tür bremste sie und begann, wie wild zu scharren und mit dem Kopf zu rucken. Im gleichen Augenblick öffnete sich die Tür, und Herr Grünbaum erschien im Eingang. Das war das letzte, was ich wahrnahm. Ich wußte nur, daß Alpenveilchen die sich öffnende Tür an die Nase bekam und daß das Pferd sich daraufhin kurz bäumte und zurückwarf. Ich wurde umgerissen, da ich unvorsichtigerweise die Zügel im Arm hängen hatte. Dann warf Alpenveilchen sich schnaubend herum und galoppierte quer über den Hof. Alles wirbelte um mich herum, ich sah unter mir grauen Asphalt und neben mir verschwommene, braungrüne Flächen vorbeiflitzen. Unbewußt nahm ich wahr, daß das, was da neben mir wirbelte, Alpenveilchens Beine und Hufe sein mußten. Dann war der Spuk auf einmal vorbei. Alpenveilchens Hufe klapperten weiter, aber ich lag da, auf dem Bauch, Gesicht nach unten. Eine Sekunde später knieten meine Freunde und Herr Grünbaum neben mir.
»Miriam«, hörte ich Susans Stimme, »ist dir was passiert?« Ich konnte nicht gleich antworten. Jeder Knochen tat mir weh, und es gelang mir nicht, einen klaren Gedanken zu fassen.
»Wir drehen sie ganz vorsichtig um«, befahl Herr Grünbaum.
Wenig später lag ich auf dem Rücken. Über mir blauer Himmel und da — die Gesichter meines Reitlehrers und der drei Freunde, die sich besorgt über mich beugten.
»Hilfe, wie siehst du aus!« entfuhr es Susan.
Ich verzog den Mund zu einem gequälten Lächeln. Dann gelang es mir, vorsichtig eine Hand zu heben und mein Gesicht abzutasten. Es fühlte sich an, als würde sich eine Schramme und Beule an die nächste reihen. Ich schielte an mir entlang und entdeckte einen Riesenriß in meiner Jacke und mehrere große Löcher in meiner Reithose.
»Uff!« entfuhr es mir leise.

»Na also, sie lebt noch.« Günthers Stimme klang befriedigt. »Dann versuche ich, das Pferd einzufangen.« Er stiefelte davon. Die anderen knieten noch immer neben mir und bedachten mich mit besorgten Blicken.
»Glaubst du, du kannst aufstehen?« erkundigte sich Herr Grünbaum.
Ich versuchte ein klägliches Lachen. »Logisch. Ich bin ja heil geblieben.«
Mehr ungeschickt als sanft zogen mich Susan und Annette in die Höhe. Ich fühlte mich dabei, als würden sie mich auseinanderreißen, und konnte nur mit Mühe ein Stöhnen unterdrücken. Dabei hatte Alpenveilchen mich gar nicht weit geschleppt, nur bis an den Rand des Parcour'.
Trotz allem mußte ich kichern. Auch das tat weh, löste allerdings bei Susan, Annette und Herrn Grünbaum große Erleichterung aus.
»Alles okay, kannst du gehen?«
»Gehen schon – aber radfahren?«
»Ich fahre euch natürlich nach Hause«, versicherte Herr Grünbaum.
Langsam und steifbeinig, mit brummendem Schädel und schmerzenden Knochen, schleppte ich mich zum Stall. Salome und Husar waren sofort durch die offene Tür in ihre Boxen getrabt, während Waldgeist, der Westfale, den Günther geritten hatte, seelenruhig an einem Strauch knabberte. Herr Grünbaum nahm ihn beim Zügel, und eine Minute später kam Günther mit Alpenveilchen um die Ecke gebogen. Herr Grünbaum drückte ihm Waldgeists Zügel in die Hand und übernahm unsere Stute.
»Altes Misttier«, gelang es mir zu murmeln. Das Misttier würdigte mich keines Blickes, sondern schoß so hastig die Stallgasse entlang, daß Herr Grünbaum kaum Schritt halten konnte.
Während die anderen die Pferde versorgten, saß ich auf einem Strohballen und bemühte mich, meinen

brummenden Schädel wieder unter Kontrolle zu bekommen. Ich spürte, wie es mir allmählich wieder besser ging, die Knochen nicht mehr schmerzten, die Rippen nicht mehr weh taten. Dafür begannen die Schürfwunden ganz gemein zu brennen, und meine Riesenbeule auf der Stirn meldete sich ebenfalls.
Ich war heilfroh, als Susan und Herr Grünbaum fertig waren und sich zu mir gesellten.
»Fahren wir los?« fragte Herr Grünbaum in betont munterem Tonfall.
»Nur zu gern.« Ich seufzte und erhob mich geradezu schwungvoll, wie ich mir einbildete. Susan allerdings warf mir einen mitleidigen Blick zu.
»Du Ärmste, du kannst dich ja kaum bewegen.«
Ich blickte sie grollend an, und dann marschierten wir zu dritt auf Grünbaums Auto zu.
»Erhol dich gut!« rief Annette mir nach.
»Darauf kannst du Gift nehmen!« Ich winkte, wohl etwas flügellahm, zurück.
»Und mach dir keine Sorgen wegen Bobby!« brüllte Günther aus der Box. »Ich kriege das schon hin!«
Ich lächelte, so gut ich konnte. Günthers Zuversicht müßte man haben! Aber vielleicht fand er tatsächlich eine Lösung, womöglich sogar ein neues, gutes Heim für Bobby. Müde sank ich in den Autositz. Zum Glück war die Fahrt nur kurz, nach wenigen Minuten parkte Herr Grünbaum vor unserem Haus.
»Schönen Dank fürs Heimfahren!« Susan sprang schwungvoll auf die Straße.
Bei mir dauerte derselbe Vorgang etwas länger. »Danke schön«, sagte auch ich.
Unser Reitlehrer wehrte ab. »Nichts zu danken. Hätte ich die Tür nicht geöffnet ...«
»Na, Sie konnten ja wohl schlecht durch die Wand gehen, oder?« kam es trocken von Susan.
»Alpenveilchen ist eben eine blöde Zicke.«
»Falls ihr sie wieder verkaufen wollt ...«

Wir tauschten einen Blick. Alpenveilchen los sein, ein wirklich nettes, gutes Pferd bekommen – das wäre doch etwas! Aber Mama – und Papa? Na, und überhaupt ... Wir stellten fest, daß wir nicht einfach begeistert nicken konnten. Verrückt, aber wahr. »Na ja, mal sehen«, murmelte Susan.
Ich schwieg und dachte: Wir sind nicht ganz dicht. Wieso wollen wir Alpenveilchen nicht einfach um jeden Preis loswerden?
»Nun ja, wie ihr wollt.« Herr Grünbaum ließ den Motor wieder an. »Gute Besserung, Miriam.« Susan schlug die Tür zu, und Herr Grünbaum fuhr davon.
Im gleichen Augenblick öffnete Mama die Haustür.
»Da seid ihr ja endlich«, begrüßte sie uns, nicht ohne leisen Vorwurf. »Wir warten seit Ewigkeiten, und das Essen ist ...«
Sie brach ab, als ich mich umdrehe, und japste nach Luft. Ich konnte sehen, wie sie in Sekundenschnelle blaß wurde und ihre Augen sich weiteten.
»Miriam! Was ist geschehen?«
»Daran ist nur dein liebes Alpenveilchen schuld«, berichtete Susan. »Ihr mußtet die olle Ziege ja kaufen.«
Langsam gingen wir ins Haus. Im Eßzimmer stießen wir auf Papa, den mein Anblick in höchstes Erstaunen versetzte. »Bist du abgeworfen worden?« wollte er verwundert wissen. »Doch wohl nicht von Alpenveilchen? Die Stute ist so ruhig wie ein in Ehren ergrautes Brauereipferd.«
Während Mama mich mit Jod und Pflaster verarztete, berichtete Susan in dramatischem Tonfall und nicht ohne Ausschmückungen die ganze Geschichte. Mama war entsetzt, während Papa nur weiterhin verwundert den Kopf schüttelte.
»Du kannst bestimmt eine Woche lang nicht reiten«, meinte Mama sofort.
»Ja, ja, ja«, erwiderte ich und war unter den gegebenen Umständen recht zufrieden mit dieser Lösung.

»Unfug«, brummte Papa zwar, aber Mama blieb energisch. »Du kannst das Pferd ja reiten, bei dir ist es so brav...« Eine glatte Herabsetzung meiner reiterlichen Fähigkeiten! Aber ich schwieg sogar hierzu. Mochte Papa reiten und Mama Alpenveilchen verhätscheln, dann würden sie vielleicht endlich sehen, was für ein Biest sie sich und mir da aufgeladen hatten.
Susan und ich bekamen die Reste des Sonntagsessens, dann wurde ich in Decken eingepackt auf die Couch gelegt. Zu meiner Schande muß ich gestehen, daß es mir so ganz recht war. So richtig fit fühlte ich mich noch nicht, eher etwas angeschlagen und müde, und die Pralinen, die Mama zum Trost hervorzauberte, waren auch nicht zu verachten.
Gegen halb fünf nachmittags läutete das Telefon. Es klingt verrückt, aber ich fand, daß es einen besonderen Klang hatte, wichtig und drängend. Susan ging ran und kam nach wenigen Minuten zurück. Sie sah halb nachdenklich, halb froh aus.
»Günther!« verkündete sie. »Er sagte, er habe die Lösung gefunden und wolle gleich mal rüberkommen. — Hörst du? Da ist er schon!«

Die Rettungsaktion

Susan stürzte zur Haustür, gerade als es zum drittenmal läutete, laut und lange und ungeduldig.
Susan riß ungestüm die Tür auf, und Günther marschierte im Eiltempo ins Wohnzimmer.
»Da liegst du also«, stellte er fest und schob sich gleich darauf zwei Pralinen auf einmal in den Mund.
»Was gibt's?« fragte ich, ohne auf irgend etwas anderes einzugehen.
»Ich habe die Lösung.« Günther machte es sich auf dem kleinen Sofa bequem.
»Ein Zuhause für Bobby?« fragte ich drängend.

»Logo! Wovon reden wir denn?« Günther grinste und genoß es, Susan und mich auf die Folter zu spannen.
»Na, red schon!« Susan knuffte ihn in die Seite; sie war ganz kribbelig vor Spannung.
»Immer mit der Ruhe.« Günther packte sich treffsicher einen Würfel Nougat aus der schon arg geplünderten Schachtel und lutschte genüßlich. Da klappte Susan den Deckel zu und nahm die Schachtel an sich.
»Jetzt reicht's erst mal! Sofort sagst du uns, was du dir ausgedacht hast.«
Günthers Augen funkelten. Er genoß es außerordentlich, uns so in Spannung zu halten. »Daß ihr nicht selber draufgekommen seid, wundert mich«, sagte er schließlich, geschickt hinten und nicht vorne anfangend, so daß wir noch ungeduldiger wurden. »Ist doch die einfachste und naheliegendste Sache der Welt.« Kleine Pause, taktisch sehr geschickt. Wir starrten ihn an, und nun fügte er endlich langsam und genüßlich hinzu: »Wir werden Bobby kaufen.«
Schweigen. Stille. Günther hat die Bombe platzen lassen und weidete sich an unserer Verblüffung. Dazu grinste er zufrieden, beinahe selbstgefällig.
Endlich blickten Susan und ich einander an.
»Bobby kaufen?« brachte Susan mühsam hervor. »Wie denkst du dir das?«
Ich war so überrascht, daß ich nichts sagen konnte.
»Menschenskinder«, Günther seufzte, »seid ihr aber schwer von Begriff. Wir sind doch fünf – ihr zwei, Annette, Angie und ich. Wir legen zusammen und kaufen ihn zum Schlachtpreis. Mehr als fünfzehnhundert bringt Bobby nicht. Das Geld kriegen wir zusammen.«
»Na, und dann?« Susan wurde laut. »Du bist ein Komiker! Sollen wir ihn auf unseren Balkon stellen?«
Günther verdrehte die Augen. »Seid ihr begriffsstutzig! Oder was ist los? Ich sag's ja immer: Mädchen!«
Da fielen wir aber gemeinsam über ihn her: Wenn wir ihm nicht paßten, könne er Bobby ja allein kaufen und

auf unsere Mithilfe und unsere Ersparnisse verzichten. Schließlich hob er abwehrend die Hände und lenkte ein. »Schon gut, schon gut, ich erkläre euch die Sache, damit endlich Klarheit herrscht.«
Er wartete, bis wir uns ganz beruhigt hatten und wieder Stille herrschte, dann fuhr er ruhig und reichlich selbstzufrieden fort: »Wir legen zusammen und kaufen Bobby. Und dann kommen wir natürlich auch gemeinsam für seinen Unterhalt auf. Bei uns in der Gegend gibt es genug Bauern, wir werden schon einen Platz finden. Vielleicht kann Bobby sogar in seinem alten Stall bleiben. Mehr als vierzig Mark im Monat müssen wir sicherlich nicht investieren — jeder von uns, versteht sich.«
»Und Schmied und Tierarzt?« wandte Susan ein. Sie machte ein bedenkliches Gesicht.
Auch ich hatte meine Zweifel, ob die ganze Sache klappen würde, schwieg aber. Günthers Miene verdüsterte sich, seine Stimme klang richtig verärgert, als er weitersprach. »Nichts als Einwände! Wißt ihr vielleicht was Besseres?«
»Ich finde«, meldete ich mich nach kurzem Schweigen zu Wort, »daß wir das zuerst mit Annette und Angie besprechen sollten. Annette bekommt ja nicht besonders viel Taschengeld, obwohl ihr Vater wahrhaftig vermögend ist, der alte Geizkragen.«
»Aber Angie schafft die vierzig Mark problemlos«, behauptete Günther. »Und ihr beide ...«
Susan stieß so heftig die Luft aus, daß Günther abbrach und sie anstarrte.
»Na, was denn?« fragte er.
»Zufälligerweise«, erklärte Susan betont langsam, »müssen unsere Eltern für zwei Pferde aufkommen. Zufälligerweise bekommen Miriam und ich deshalb zusammen nur so viel Taschengeld wie normalerweise eine allein. Das sind eben die Zugeständnisse, die man machen muß. Und achtzig Mark, ich weiß nicht ...«

Günther schwieg und blickte uns an. Er wirkte verbissen und nachdenklich, gar nicht unbedingt aufgebracht. Wir beobachteten ihn schweigend. Auf einmal hob er den Kopf.
»Ich hab's«, behauptete er. »Ich spreche jetzt mit Angie und Annette, und dann radele ich noch zum Milchmann und versuche, die Sache mit ihm klarzumachen. Ihr werdet schon sehen: Es klappt.«
»Was hast du vor?« wollten wir wissen.
»Das wißt ihr doch. Rettungsaktion für Bobby. Unser Verein hat mehr Mitglieder als nur uns fünf. Wir sind nicht die einzigen Pferdeverrückten.«
Mit diesen Worten sprang er auf. Er wirkte plötzlich wieder ganz zuversichtlich und tatendurstig.
»Morgen ist Stehtag«, überlegte er laut, »aber ich kann durch die Futterluke in den Stall einsteigen – über den Heuboden. Ich klettere einfach am Förderband hoch, das wird schon klappen. Dann hängt das Plakat am Dienstag. Und jetzt telefoniere ich mit Angie und Annette. Hoffentlich sind sie zu Hause. Und zum Milchmann fahre ich heute noch, der wird sich wundern!«
Günther war Feuer und Flamme für seinen Plan. Er redete sich so in Hitze, daß sein Gesicht zu glühen begann. Seine Begeisterung riß uns mit, obwohl wir seinen neuesten Plan noch gar nicht kannten. Günthers Elan hatte uns angesteckt. Warum sollten wir Bobby nicht retten können? Man kann vieles, wenn man nur wirklich will. Wir wollten. Wir wollten ganz fest.
Als Günther hastig und in fiebernder Eile unser Haus verlassen hatte, waren Susan und ich davon überzeugt, daß gar nichts schiefgehen konnte, und bereit, unser ganzes Taschengeld zu opfern, um unser Milchwagenpferd zu retten.

Bis Dienstag sahen und hörten wir nichts von Günther. Dann radelte Susan nach der Schule in den Stall, während ich brav zu Hause bleiben mußte. Natürlich

kam ich beinahe um vor Spannung. Aber Mama bestand darauf, daß ich noch nicht wieder reiten sollte, und ich wußte, daß ich nicht in den Reitstall fahren konnte, ohne zu reiten. Also blieb ich zu Hause, versuchte vergeblich, mich auf Hausaufgaben und Lernstoff zu konzentrieren, versuchte zu lesen, obwohl ich nur immer auf dieselbe Seite starrte, während Buchstaben und verworrene Gedanken gleichermaßen vor meinen Augen tanzten.
Was hatte Günther sich ausgedacht? Er hatte doch von einem Plakat gesprochen – was hatte es damit auf sich? Ich wurde so unruhig, daß ich um ein Haar aufgesprungen und davongestürzt wäre. Aber Mama wachte sorgsam darüber, daß ich in meinem Zustand, wie sie es nannte, das Haus nicht verließ. Wegen der paar Schrammen und Beulen und der blauen Flecken zu Hause sitzen müssen, im Ungewissen, grübelnd und vor Spannung geradezu vibrierend!
Ich begann, jede Minute auf die Uhr zu schauen. Weshalb bewegten die Zeiger sich nicht schneller, weshalb kam Susan nicht endlich nach Hause und erzählte mir, was los war?
»Hallo?« rief ich, als irgend jemand vom Reitstall sich meldete. »Hier ist Miriam – kann ich bitte meine Schwester sprechen? – Ja, Susan.« Ich verdrehte die Augen, was für ein Trottel war denn da am Apparat, in unserem Stall kannte doch jeder jeden und wußten alle alles! Nicht zu fassen!
Endlich hörte ich Susans Stimme. »Miriam, du – prima, daß du anrufst. Günther hat sich echt was ausgedacht. Du – ich glaube, das haut hin. Es haben sich schon einige eingetragen, auch zwei, drei Kleine, die die Sache nicht durchziehen können, mit denen können wir nicht rechnen. Aber mit einigen haben wir schon gesprochen. Miriam, ich sage dir, das haut hin.«
Susan sprudelte den Wortschwall nur so hervor. Sie wirkte atemlos und aufgeregt. Ich verstand kein

Wort. »Warte doch mal«, protestierte ich, »wovon sprichst du überhaupt?«
»Na, von Günthers Plakat! Gut hat er das hingekriegt. Ich erzähle dir Genaueres, wenn ich heimkomme.«
»Und der Milchmann? Was hat der gesagt?«
»Er ist einverstanden.« Susan frohlockte. »Günther war Sonntag abend noch bei ihm. Und der Bobby, der ist ja so verschmust, immer noch, sagt Günther, er hat ihn besucht und Mohrrübchen gebracht und...«
Mir wurde allmählich klar, daß ich aus Susan nichts wirklich Vernünftiges herausbringen würde. »Das beste wird sein, du kommst so bald wie möglich nach Hause und erzählst mir alles der Reihe nach«, unterbrach ich daher Susans Redeschwall.
»Aber nicht sofort! Es gibt so vieles zu besprechen.«
Jetzt reagierte ich sauer. »Na bitte. Mir auch egal. Tschüs.« Ich lauschte noch einige Sekunden und legte dann auf. Gleichzeitig wußte ich nicht, ob ich mich mehr über Susan oder über mich selbst ärgern sollte. Eine Weile stand ich so in Gedanken versunken am Telefon, gab mir innerlich einen Ruck nach dem anderen und spurtete dann los, ehe ich meinen Entschluß wieder rückgängig machen konnte. Unbemerkt konnte ich das Haus verlassen. Neben der Garage stand, einsam und verlassen, mein Drahtesel. Hastig schob ich ihn die Einfahrt hinauf — auf die Straße, schwang mich in den Sattel und radelte davon.
Mein Kopf wollte anfangs rebellieren, aber ich straffte ihn mit Nichtachtung und trat einfach weiter die Pedale. Die kühle Luft, die zunächst in meinen Pullover gekrochen war, bemerkte ich bald nicht mehr. Ich fuhr wie ein Weltmeister. Schon auf der Landstraße nach Neuenburgweide geriet ich ins Schwitzen.
»He, Miriam!«
Der Ruf erscholl ganz plötzlich und unerwartet. Ich trat so hart rückwärts in die Pedale, daß ich beinahe kopfüber auf die Straße gestürzt wäre.

»Hier! Hier!« Das war eindeutig Susans Stimme. Als ich mich wieder gefangen hatte und mich umblickte, entdeckte ich sie und Günther auf der anderen Straßenseite. Ein einsames Auto zog vorüber, dann schoben die beiden ihre Räder zu mir herüber.
Susan lachte mich an. »Was hattest du denn vor?« Ihre blauen Augen unter dem kurzen schwarzen Haarschopf blitzten.
»Na, hör mal!« rief ich. »Da aus dir kein vernünftiges Wort herauszubringen war . . .«
Susan lachte nur. »Du, ich habe Alpenveilchen an der Longe gehabt. So ein Misttier!«
»Auf der rechten Hand ging sie überhaupt nicht«, berichtete Günther. »Ständig drehte sie sich um und lief in die andere Richtung.«
»Ja, rechtsherum mag sie nicht«, bestätigte ich. Dann aber wurde mir die Sache zu dumm. »Könntet ihr mir endlich einmal erzählen, was ihr ausgeheckt habt?«
»Günther hat«, korrigierte Susan und versetzte dem Freund einen anerkennenden Puff.
Günther warf einen Blick auf die Uhr. »Meine Eltern sind noch nicht zu Hause. Kommt ihr mit zu mir?«
Warum nicht? Mir war alles recht. Ich wollte nur endlich Einzelheiten erfahren.
Im Gänsemarsch radelten wir zurück, diesmal in gemäßigtem Tempo, parkten unsere Räder hinter Günthers Haus. Minuten später saßen wir gemütlich um ein prasselndes Kaminfeuer, das Günther schnell und geschickt entfacht hatte.
»Schon toll, so ein offener Kamin«, meinte Susan.
»Anheimelnd«, fand ich. Die andern stimmten mir zu.
»Nur die elende Holzhackerei – puh!« Günther stieß heftig die Luft aus. »Wie steht's, wollt ihr was trinken?«
Ich schüttelte nachdrücklich den Kopf. Immer diese Verzögerungstaktik! Susan und Günther schienen einzusehen, daß ich vor Neugier beinahe platzte. Daher spannten sie mich nicht länger auf die Folter, sondern

rückten endlich mit der Sprache heraus. Sie berichteten abwechselnd, sich vor Eifer beinahe überschlagend. Aber irgendwie gelang es mir, von ihrem Plan doch ein genaues Bild zu bekommen.

»Ein tolles Plakat hat Günther gemalt, mit lauter Bobbys drauf — Zeichnungen, meine ich, von dicken Fjordpferden, ganz drollig sieht das aus ...«

»Die Kinder waren Feuer und Flamme, aber mit den Kleinen kann man ja nicht rechnen, da müssen schließlich die Erwachsenen mitspielen ...«

»Unterschriften haben wir gleich gesammelt, da gibt es kein Zurück mehr ...«

»Morgen geht die Kasse um.«

Susans Augen leuchteten, und auch Günther strahlte nur so vor Zufriedenheit.

Dann blickten sie mich erwartungsvoll an. »Wie findest du die Idee?«

»Gut«, erklärte ich.

»Gut — spitze ist sie!« Susan, überschwenglich wie immer, schnappte nach Luft.

Ich wiegte den Kopf. Ich brauchte meistens länger, um in einen Begeisterungstaumel zu gelangen.

»Wie viele Leute bekommt ihr zusammen?« erkundigte ich mich sachlich.

»Uns eingerechnet, also euch beide, Annette, Angie und mich, sind es bisher zwölf, die bestimmt mitmachen. Ganz sicher. Und es werden noch einige dazukommen. Mit fünfzehn rechnen wir auf jeden Fall«, sagte Günther überzeugt. Fünfzehn Leute, die Bobby gemeinsam kaufen und gemeinsam, nach gleichen Anteilen, für seinen Unterhalt aufkommen würden. Das klang nicht schlecht.

»Jeder gibt pro Monat zwanzig Mark. Das ist nicht viel. Davon werden Miete und Schmied bezahlt. Was im Topf bleibt, ist für eventuelle Tierarztrechnungen und solche Sachen.«

»Glaubt ihr, daß das Geld reichen wird?« fragte ich.

»Bestimmt.« Susan strahlte Zuversicht aus.
»Und wenn jemand aussteigt — irgendwann?«
»Ach, wer denkt denn jetzt daran!«
Ich schaute Susan an und unterdrückte ein Grinsen. Diese Einstellung paßte so recht zu meiner Schwester.
»Habt ihr wenigstens schon einen Platz für ihn?«
»Kennst du den kleinen Benno? Den rothaarigen Bengel mit den vielen Sommersprossen? Seine Eltern reiten beide. Er hat versprochen, daß sie auch mittun werden, und zwar für Benno und Bennos Schwester — also vierzig Mark im Monat. Ja, und...« Susan verlor schon wieder den Faden.
Ich schüttelte resigniert den Kopf und wandte mich Günther zu. »Erzähl du!«
Und Günther gelang es dann auch, sich sachlich kurz zu fassen. »Benno hat einen Freund, dessen Vater Landwirt ist, in Rotenkrug.«
Ich nickte. Rotenkrug kannte jeder, dieses winzige Nest südlich von Neuenburgweide, das im wesentlichen aus einigen Bauernhöfen bestand, von Wiesen, Feldern und Nadelwald eingeschlossen. Ein herrlicher Flecken Erde, einsam und verlassen, aber landschaftlich traumhaft schön. Von Neuenburgweide führte nur ein schmaler Feldweg dorthin, von Feldern gesäumt, dann kurz in einem Waldausläufer verschwindend, schließlich in eine gewundene, sich Hauptstraße nennende Gasse übergehend.
»Und?« fragte ich also.
»Benno will versuchen, Bobby dort unterzubringen.«
Ich nickte zufrieden. War nur zu hoffen, daß die Sache auch klappte.
»Wann bekommen wir Bescheid?«
»Wahrscheinlich schon morgen. Und nächstes Wochenende kaufen wir Bobby und bringen ihn in sein neues Zuhause. Alle wollen mitkommen, es wird ein richtig toller Zug. Durch ganz Neuenburgweide bringen wir ihn, einige wollen reiten, ich natürlich auch —

und Günther und Angie und Annette — und Benno und seine kleine Schwester sollen Bobby reiten dürfen. Ist ja nicht weit, durch die Felder nur zwei, drei Kilometer. Und dann gehen wir in den Krug und feiern.«
Susan hatte sich schon wieder so in Hitze geredet, daß ihre Wangen vor Begeisterung glühten.
»Alpenveilchen reite ich nicht«, stellte ich gleich klar, ohne auf Susans Schwärmereien einzugehen.
»Logisch. Du, ich rede mit Herrn Wendel, der gibt dir sicher den Achill, dann reite ich Waldgeist. Die sind beide bombensicher auf der Straße.«
»Und wer führt Bobby?« fragte ich skeptisch.
»Ich nehme ihn als Handpferd.« Günther lachte. Sein dunkler Haarschopf schien sich knisternd zu sträuben, so lebhaft war er plötzlich. »Davon abgesehen würde Bobby uns auch allein nachlaufen.«
»Ja, brav wie der ist«, kam es bekräftigend von Susan.
Dann schwiegen wir, atemlos vom Reden und Planen, aber voller Vorfreude. Bis dann lautes Motorengeräusch uns aus unseren Gedanken riß.
Günther sprang auf, sah aus dem Fenster. »Meine Eltern«, verkündete er. »Keine Kiste macht so viel Krach wie Papas alter Diesel. Klingt jedesmal, als würde ein Traktor mitten in unser Wohnzimmer fahren.«
»Dann gehen wir besser.« Susan stand auf.
»Wieso denn?« fragte ich verwundert. Günthers Eltern waren doch schwer in Ordnung.
Günther druckste ein wenig herum. »Ach, meine Eltern wissen noch nichts von der Sache«, brummte er schließlich. »Ich weiß nicht, was sie davon halten werden. Also sage ich besser nichts. Kostet immerhin Geld, und so dicke haben wir's auch nicht. Ihr wißt ja, Erwachsene sehen die Dinge oft anders.«
Wir nickten weise und verabschiedeten uns dann, begrüßten kurz Günthers Eltern und schoben unsere Räder in ihren heimatlichen »Stall«. Unglücklicherweise stand Mama am Fenster und beobachtete uns dabei.

»Wo warst du denn, Miriam?« fragte sie auch schon, kaum, daß wir das Haus betreten hatten. »Susan ist doch allein losgefahren.«
»Wir waren zusammen bei Günther«, erklärte Susan harmlos und mit strahlendem Lächeln.
»Mit den Rädern?« Mama betonte jede Silbe. Auf ihrer Stirn erschien eine steile Falte, als sie mich durchdringend anblickte. »Mit den Rädern nach nebenan?«
»Na ja«, machte Susan nur.
Zum Glück wurde Mama abgelenkt, als aus der Küche lautes Fauchen erklang. Mitzi und Pedro, der zufälligerweise einmal zu Hause war, hatten sich wieder einmal in den Haaren. Als wir in die Küche schauten, entdeckten wir Pedro auf dem kleinen Schränkchen neben der Spüle, auf dem bereits Mitzis Fressen stand. Genießerisch schlich er herum, hieb ab und zu mit der Pfote nach der am Boden sitzenden Mitzi und funkelte sie boshaft an. Wenn Mitzi dann außer sich vor Empörung japsend hochsprang und nach ihm schnappte, um ihr Essen zu verteidigen, fauchte Pedro sie nur zornig und hämisch zugleich an. Die Dackelhündin war viel zu fett, um zu ihm emporzureichen, er fühlte sich ganz in Sicherheit.
»Schluß jetzt!« Mama griff energisch ein, packte Pedro beim Kragen und expedierte ihn in den Garten. Dann gab sie Mitzi ihr Fressen und drohte Pedro, der mit hochgewölbtem Rücken zu ihr emporfauchte, mit dem Finger. »Du kommst mir erst wieder rein, wenn Mitzi gefressen hat.«
Pedro fauchte noch einmal und stolzierte dann davon, mitten durch Mamas schönstes Blumenbeet ...

Nächtliche Arbeit

Das kommende Wochenende erwarteten wir voller Spannung. Am Samstag wollten wir Bobby kaufen, am

Sonntag nachmittag dann in sein neues Zuhause bringen. Siebzehn Leute hatten sich bereit erklärt, zum Kaufpreis beizutragen und für Bobbys Unterhalt aufzukommen. Sie alle und noch etliche Kinder und Jugendliche würden Bobby auf dem Weg zum Quartier begleiten. Das alte Milchwagenpferd sollte in Rotenburg auf dem Schröderhof eine neue Heimat finden, einen gemütlichen Stall, eine schattige Weide, zusammen mit einem Shetty und einer Zwergziege namens Balthasar. Wir waren über alles bestens unterrichtet.
»Schade, daß Salome nicht eingefahren ist«, meinte Annette, als wir uns am Samstag in der Klause trafen, kribbelig vor Aufregung und strahlend vor Freude.
»Wieso das?« Wir staunten. Wie kam Annette denn gerade jetzt auf eine solche Idee?
»Ach, ich dachte nur. Dann könnten wir sie anspannen und meinen Großvater mitnehmen. Reiten kann er ja nicht mehr. Er mag den Bobby doch auch gern.«
Günther zuckte lässig die Schultern. »Ein Pferd läßt sich finden«, behauptete er nur.
»Ach was! Welches denn?«
»Herrn Wendels Westfalen sind eingefahren...«
»Einer würde doch genügen!« Susans Augen leuchteten auf, sie war sofort Feuer und Flamme. »Wenn wir dann noch einen Wagen auftreiben könnten...«
Wir sahen einander an. Würde es klappen?
»Ich wüßte schon jemanden, der eine alte Kutsche hat«, sagte Günther. »Die Kutsche sieht allerdings schlimm aus, na, und das Geschirr...«
»Das kriegen wir hin«, behauptete Angie dann mit blitzenden Augen. »Das schaffen wir, und wenn wir die ganze Nacht durcharbeiten. Glaubst du, du kannst die Kutsche organisieren?«
»Ich denke schon.« Günther grinste.
»Na, und ein Pferd? Kriegst du einen der Westfalen?«
»Bestimmt. Herr Wendel ist prima und kein Spielverderber. Er wird wahrscheinlich selbst gern mitfahren.«

»Oh, super!« Annette macht einen Freudensprung. »Mein Großvater wird vor Begeisterung in Ohnmacht fallen, wenn wir ihn ganz überraschend abholen.«
Wir waren uns einig, lachten, planten, versuchten uns das Gesicht von Annettes Großvater vorzustellen, wenn wir schnittig, in flottem Trab, um die Ecke kamen, um ihn abzuholen.
»Bleibt nur eine Frage offen«, sagte Günther plötzlich, »wer soll kutschieren?«
Wir blickten einander ratlos an, die prickelnde Vorfreude war mit einemmal verschwunden, wie weggewischt. Günthers Frage stand im Raum, ohne daß einer von uns sie beantworten konnte. Keiner von uns konnte fahren, nicht mal ein Pferd anspannen, geschweige denn vor dem Wagen lenken.
»Aus, geplatzt«, sagte Annette leise. »So ein Mist!«
»Ach, typisch Mädchen!« Ausgerechnet Günther, der uns das Problem bewußtgemacht hatte, fuhr jetzt auf. »Wir finden schon eine Lösung. Grünbaum...«
»...fährt morgen weg«, unterbrach Angie.
»Na und? Er kann uns doch wenigstens anspannen helfen.«
»Und dann? Dann stehen wir da.«
»So schwer kann Kutschieren doch nicht sein.«
»Sagst du! Hast du 'ne Ahnung!«
»Und Herr Wendel? Vielleicht kann er...?«
Jetzt mischte Annette sich zaghaft ein. »Fahren kann mein Großvater. Er ist früher viel gefahren, sechsspännig sogar, hat er mal erzählt, damals, in Ostpreußen.«
Wir tauschten einen Blick. Jeder dachte dasselbe: Wenn wir jemanden fänden, der anspannen und das Gespann zu Annettes Großvater dirigieren konnte...
Auf einmal lachte Angie hell auf. »Mensch«, prustete sie, »sind wir blöd! Wieso kommt denn keiner auf die einfachste Lösung? — Das haut bestimmt hin!«
»Was denn?« bedrängten wir sie. Aber Angie wehrte all unser Drängen und Bitten ab.

Sie lachte nur verschmitzt. »Ihr werdet schon sehen. Ich organisiere das«, versprach sie. »Und du, Günther, kümmerst dich um die Kutsche und den Westfalen.«
»Wir nehmen Achill, Waldgeist reite ich«, bestimmte Günther.
Ich schwieg dazu. Eigentlich hätte ich ja Achill reiten sollen. Aber daran erinnerte ich nicht. Ich mußte eben doch die zickige Alpenveilchen nehmen oder zu Fuß gehen, so wie viele andere auch. Teufel noch mal! Ich konnte so oft reiten, auf das eine Mal kam es wirklich nicht an. Viel wichtiger als ich war Annettes Großvater, dem wir endlich einmal eine Freude machen konnten. Also schluckte ich meine Enttäuschung hinunter, würgte noch ein wenig daran und stellte mir dann vor, was für einen tollen Tag wir verbringen würden. Freude und Aufregung steckten mich bald wieder an, und so zogen wir dann los, über zwanzig Leute, denn einige Jugendliche hatten einen Elternteil mitgebracht.
Die Frau des Milchmanns schlug die Hände überm Kopf zusammen, als sie uns kommen sah.
»Die reine Invasion. Wie die Hunnen«, brummte Günther und grinste.
Natürlich konnten wir nicht alle in die kleine Wohnung. Die Küche wäre aus den Nähten geplatzt. Da die ganze Sache Günthers Idee gewesen war, wurde er als Vertreter gewählt, das Geschäftliche zu regeln. Ihm zur Seite stand Frau Grüne, volljährig und gerne bereit, in unserem Namen den Kaufvertrag zu unterzeichnen.
»Wartet«, bat Angie, als Günther und Frau Grüne im Haus verschwinden wollten, »ich möchte auch mit.«
»Auch noch Extrawürste braten, was?« knurrte da ein schlaksiger Junge, etwa in Günthers Alter. Ein Mädchen begann zu meutern. Ich warf den beiden einen durchdringenden Blick zu. Was für eine Art, wegen so etwas gleich zu meckern!
Ich gab Susan einen Rippenstoß. »Die beiden scheiden bald aus. Wetten?«

Susan nickte dazu. »Jetzt schon die Klappe aufreißen! Die wollen nur bestimmen, nicht wirklich helfen.«
Angie verschwand also ebenfalls in der Küche, während wir anderen herumstanden, warteten und nicht recht wußten, was wir tun sollten.
Es war ein strahlender Herbsttag mit leuchtend goldener Sonne, aber bitterkalt, so daß unser Atem weiße Wölkchen in der klaren Luft bildete. Wir stampften auf der Stelle und wurden erst wieder richtig munter, als Günther einen nach dem anderen aufrief, sein Geld in die Küche zu bringen. Alles wurde notiert, der Käufer bekam eine Tasse heißen Kaffee oder Tee, durfte seinen Namen mit auf den Vertrag schreiben, so daß alles ein wenig feierlich wurde. Als auch das letzte Restchen Geld in den Beutel des Milchmannes gewandert war und Bobby tatsächlich fest und ganz uns gehörte, hatten wir eiskalte Zehen und Finger und rote Nasenspitzen, zitterten und stampften und sehnten uns nach einem heißen Getränk.
Einige verkrümelten sich auch tatsächlich still und leise, aber die meisten besuchten wenigstens noch Bobby, unser Pferd, um ihn zu streicheln, zu klopfen, Möhrchen zu geben und ihm zu erzählen, daß niemand ihn mehr schlachten lassen wolle, daß er, solange es ging, sein Gnadenbrot erhalten solle. Es war schon dämmrig, als auch die letzten den Hof verließen. »Morgen um zwei geht's los! Wer vom Reitverein aus starten will, entsprechend früh kommen!«
»Ehrensache!«
»Tschüs, bis morgen!«
Wir winkten, riefen Abschiedsworte, mit vor Kälte bibbernder Stimme. Dann waren nur noch wir fünf übriggeblieben, Günther, Annette, Angie, Susan und ich. Kalte, feuchte Luft legte sich schwer über uns, fegte in dunstigen Schwaden über das holprige Pflaster des Hofes, umnebelte die Straßenlaterne, deren schwaches Licht kaum noch auf den Stall fiel. Gespenstisch,

wie eine mächtige dunkle Wand, ragte die alte Scheune hinter uns auf.
»Ich friere«, jammerte Susan.
»Da, nimm!« Angie stopfte ein Papiertaschentuch in Susans Manteltasche.
»Danke.«
Unschlüssig standen wir herum. Zwei weißgefleckte Katzen strichen schnurrend um unsere Beine. Auf der anderen Straßenseite kläffte zornig ein Hund.
»Wir haben noch einiges zu tun, nicht wahr?« Annette spielte auf den Wagen an, den Günther organisiert hatte, und wir verstanden sofort.
»Können wir nicht erst was trinken?« jammerte Angie. »Ich bin ganz steifgefroren.«
»Zimperliese«, knirschte Günther mit vor Kälte blaugefrorenen Lippen.
»Wird es denn überhaupt klappen? Wer soll uns helfen? Anspannen, meine ich, und kutschieren bis zum Großvater?« Annettes Stimme verriet, daß sie sich im Augenblick nur nach einem mollig warmen Zimmer, keinesfalls nach einer Kutschfahrt sehnte.
Günther und Angie zwinkerten sich zu.
»Die Sache ist geritzt«, versicherte Günther.
Na, dann ... Bangemachen galt nicht, trotz Kälte und Dunkelheit, trotz müder, verfrorener Glieder und einem nagenden Hungergefühl.
Sogar Angie durfte mittun, ihre Eltern hatten ihr gnädig erlaubt, vom Abendessen fernzubleiben. Bei uns zu Hause gab's da zum Glück keine Schwierigkeiten.
Steifbeinig setzten wir uns in Bewegung. Wenn wir heute noch fertig werden wollten, durften wir keine Zeit verschenken.
Die Kutsche, von der Günther gesprochen hatte, gehörte einem Kollegen unseres Vaters, dessen Großvater noch Kutschpferde besessen hatte. Sie stand, einsam und halb von Gerümpel verdeckt, in einem baufälligen Schuppen, im entferntesten Winkel eines verwil-

derten Grundstücks, auf dem der Besitzer ein kleines Haus gebaut hatte. Er versicherte uns, daß wir nach Herzenslust werkeln konnten.
»Die Birne im Schuppen ist allerdings schon recht trüb«, erklärte er bedauernd. »Ihr hättet früher kommen müssen.«
»Auch das noch!« Angie seufzte, als wir uns durch kniehohes Gras und Gestrüpp vorgekämpft hatten und in den Schuppen spähten. Nach einigem Suchen fand Susan den Lichtschalter. Meterhoch aufgetürmtes Gerümpel ragte in wildem Durcheinander vor uns auf, in fahles, unwirkliches Licht getaucht.
»Und die Kutsche, wo ist die?« Ich tastete mich vorwärts, über Blumenkästen, alte Stühle, kunstvoll gedrechselte Tischbeine ohne die dazugehörige Tischplatte, einen zerfallenen Plüschsessel, vorbei an einem Schreibtisch mit nur noch zwei Beinen und einem riesigen, zerfetzten Lampenschirm.
»Wie abenteuerlich!« Susan kicherte. »Hier!« rief sie dann. »Das sieht aus wie eine Deichsel.«
Nun setzten sich endlich auch Angie und Annette in Bewegung. Günther war bereits dabei, ein altes Geschirr, das an der Wand gehangen hatte, ins Licht zu zerren. Er hustete, als Staub und Spinnweben um ihn herumwirbelten.
»Hier ist noch ein Geschirr!« verkündete Angie.
»Oje, sieht das aber aus! Die Riemen sind so steif, als wären sie aus Holz, und fürchterlich schmutzig.«
»Hat jemand Sattelseife und Lederfett dabei?« fragte Günther ironisch.
»Zu Hause jede Menge.« Susan nickte mir zu. »Wir nehmen das Ding mit nach Hause und reinigen es.«
»Das wird Stunden dauern«, prophezeite Angie. Wir zuckten mit den Schultern.
Annette biß sich auf die Lippen. Sie schien ein schlechtes Gewissen zu haben, weil wir uns all diese Arbeit nur ihres Großvaters wegen aufhalsten. Angie

aber wischte ihre verlegen vorgebrachten Bedenken mit einer Handbewegung weg. »Quatsch mit Soße! Das macht doch Spaß. Uns allen.«
Und wie zur Bestätigung ging sie daran, alles auf und in der Kutsche liegende Gerümpel beiseite zu räumen. Wir halfen ihr dabei, zertraten, schoben, wuchteten, schleppten hinaus, um Platz zu schaffen. Nach einer halben Stunde hatten wir es endlich geschafft: Frei von altem Kram, stand die Kutsche da, ein schnittiger Einspänner, unglaublich schmutzig zwar, aber offensichtlich noch intakt. Im schwachen Licht konnten wir die Farben erkennen: Schwarz und Rot. Die Kutsche hatte zierliche, elegant geschwungene Türen. Wir betrachteten das Gefährt beinahe versunken.
»Schön«, fand Annette.
Günther lachte. »Schön wird sie vielleicht mal, wenn wir es schaffen, sie sauberzukriegen. Hier drinnen geht das nicht. Schieben wir sie raus.«
»Da ist es doch stockfinster«, protestierte Angie.
»Und wenn! Ich organisiere einige Lampen.«
Günther hatte keine Hemmungen, den netten Lehrer noch einmal zu belästigen.
»Schaut mal!« Susan stieß einen Schrei aus, gerade, als Günther davontraben wollte. »Eine Stallaterne!« Sie hielt ihren Fund hoch und strahlte vor Begeisterung. »Die möchte ich mitnehmen dürfen.«
»Auf alle Fälle können wir sie jetzt gut gebrauchen.« Günther kam zurück und betrachtete die Laterne kritisch. »Seht mal, hier ist noch eine. Da sind allerdings zwei Scheiben angeknackst. Womit brennen sie denn? Petroleum? Wird auch organisiert.«
Er trabte davon, während wir Mädchen uns schon bemühten, die alte Kutsche in Bewegung zu setzen. Hier und da lag noch etwas Gerümpel im Weg, das beiseite geschafft werden mußte. Aber endlich gelang es uns. Da stand sie nun im feuchten Gras, vom Mond und von Sternen beschienen, elegant und zierlich.

»Zeitlos«, flüsterte Susan andächtig.
Wir wußten nicht, weshalb, aber dieses Wort schien zu passen. Die klare, kalte, ganz leicht feuchte Luft, das milde Licht — es war, als gäbe es weder Raum noch Zeit, noch Alltagssorgen oder Probleme.
Der seltsame Zauber wurde erst gebrochen, als Günther angehechelt kam, Taschenlampen schwingend und laut rufend: »Jetzt kann's losgehen!«
»Schade«, murmelte Susan und blickte mich an, wie aus einem Traum gerissen. »Gerade habe ich mir vorgestellt...« Sie brach ab und lächelte leicht verlegen.
Ich verstand sie sehr gut. Auch ich hatte mir ausgemalt, wie die Kutsche, von einem schnellen, edlen Pferd gezogen, dahingeflogen war. Vorbei an endlosen Wiesen, über geheimnisvolle Waldwege, weich und federnd, den Hufschlag des Pferdes verschluckend, über eine breite Dorfstraße, sonnenbeschienen, blumengeschmückt, ein Brautpaar zur Kirche bringend. Verrückt, welche Gedanken man bisweilen hat.
Wir machten uns wieder an die Arbeit. Stallampen und Taschenlampen nahmen den letzten Zauber.
Endlich wurden Susan und ich entlassen, da wir zu Hause noch das Geschirr reinigen sollten.
»Nehmt sicherheitshalber beide mit, das kleinere und das größere.« Günther flachste.
Wir zeigten einen Vogel. »Du bist wohl nicht gescheit. Das große wird Achill schon passen.« Gemeinsam das schwere Geschirr tragend, schoben wir ab.
Es war schwierig, Geschirr, Kopfstück und die langen Leinen zu transportieren. Und als wir endlich zu Hause waren, ging die Arbeit erst richtig los. Unsere Eltern schliefen bereits. Also zerrten wir, so leise wir konnten, das Geschirr auf unser Zimmer und breiteten es dort auf dem hellblauen Velours aus.
»Auweia!« meinte Susan. »Das gibt Flecken.«
»Ach was! Morgen staubsaugen wir und basta«, versetzte ich.

Dann begannen wir, die vielen Meter Riemen und Leinen mit Sattelseife und lauwarmem Wasser zu reinigen. Eine unvorstellbar mühselige Arbeit! Alt und steif war das Leder, zum Glück noch nicht brüchig. Und der Schmutz wollte sich überhaupt nicht lösen!
»Fetten tun wir morgen«, bestimmte Susan, als das Geschirr endlich sauber war. Dann nieste sie heftig, mehrmals hintereinander. »Mist!« schimpfte sie. »Auch noch erkältet! Und meine Arme tun weh.«
»Und müde bin ich.« Ich gähnte sperrangelweit und schielte gleichzeitig auf die Uhr. Halb zwei vorbei. Und morgen mußten wir früh aufstehen, bevor Mama ins Zimmer schaute und all den Schmutz und die Unordnung entdeckte. Ich seufzte tief. All diese Arbeit, nur weil wir edel und hilfsbereit sein wollten und — na ja, zugegeben — einen echten Pferdetick hatten.
Todmüde schlüpften wir schließlich unter die Decken. Auf dem blauen, jetzt fleckigen Velours bildeten Geschirrteile ein malerisches Stilleben.
»Das Gebiß ist total verrostet. Das können wir nicht nehmen«, hörte ich Susan noch verschlafen murmeln.
»Hm, hm«, bestätigte ich müde. »Und hoffentlich kriegen die anderen die Kutsche soweit hin . . .«
»Hast du den Wecker gestellt?«
»Auf acht.«
»Wirst du ihn hören?«
Ich hörte schon Susans Frage kaum noch, geschweige denn den Wecker am anderen Morgen. So kam es, daß wir erst gegen neun und dann ziemlich unsanft aus dem Schlaf gerissen wurden — durch Mamas Stimme. Und sie schimpfte! Oh, wie sie schimpfte!
Daß sie beim ersten Blick in unser Zimmer nicht in Ohnmacht fiel, war erstaunlich. Pferdeverrückt, ja — das war auch sie. Aber gegen fremde, alte, vor Dreck starrende Geschirre hatte sie eine Menge einzuwenden — vor allem, wenn sich der ehemals am Geschirr haftende Dreck auf unserem neuen Velours befand.

Kein guter Auftakt. Fetten mußten wir schließlich unten im Keller. Aber wenigstens hatte Mama sich inzwischen wieder halbwegs beruhigt. Papa, der ja auch nicht mit dem von uns hinterlassenen Schmutz zu kämpfen hatte, fand unseren Plan und unsere Initiative übrigens prima.

Mit Pomp und Trara

Wir waren kaum mit Einfetten fertig, als auch schon Günther kam, um uns abzuholen.
»Alles klar? Kommt ihr gleich mit?«
»Was ist denn los?« Susan stand mühsam auf und reckte sich gähnend. Auch meine Glieder schmerzten vom langen, unbequemen Sitzen.
»Meine Eltern fahren mich in den Stall. Dann müssen wir das Geschirr nicht schleppen.«
»Ich denke, deine Eltern sollen von der ganzen Geschichte nichts erfahren?«
Günther seufzte und grinste dann doch. »Haben sie aber. Sie waren gestern abend aus, fein essen, wißt ihr, und haben dabei zufälligerweise Angies Eltern getroffen. Und die wissen Bescheid. Wollten natürlich gleich wissen, was meine Leute von der Sache halten.« Günther machte eine abwehrende Handbewegung. »Nicht zu fassen, aber nach einer Schrecksekunde waren sie ganz begeistert von unserer tollen Initiative.«
Susan und ich tauschten einen zufriedenen Blick. »Prima«, sagten wir dann wie aus einem Mund.
Günther allerdings begann ungeduldig zu werden. »Was ist nun? Zieht ihr euch um und kommt?«
»Und das Mittagessen?«
»Pfeift drauf! Wir wollen Achill noch schick machen – na, und die ganzen Vorbereitungen!«
Mama und Papa waren alles andere als begeistert, als wir uns vom Mittagessen abmeldeten. Mama runzelte

die Stirn. »Sitten sind das! Wann sehe ich euch überhaupt noch? Außerdem habe ich für vier gekocht.«
»Wir essen dann heute abend«, vertröstete Susan, während ich schon die Treppe hinaufrannte, »jetzt geht's wirklich nicht.«
»Ihr werdet immer dünner!« behauptete Mama, und es klang so, als würde sie vor Erbitterung gleich in Tränen ausbrechen. Susan holte mich ein, und wir grinsten einander an. Alles, was nicht kugelrund war, hielt Mama für dünn. Sie hatte den Tick, alle in ihrer Umgebung fettzufüttern. Und daß Susan und ich vom Fleisch fielen, konnte man wirklich nicht behaupten.
In Windeseile zogen wir Reitsachen an und brausten dann mit Günther und seinem Vater zum Stall. Ich hatte mich nach langem Kampf entschlossen, Alpenveilchen zu reiten. Schließlich war sie hauptsächlich mein Pferd, und wenn wir uns auch nicht leiden konnten, so hatte ich doch die Verantwortung für sie, mußte sie bewegen, konnte sie nicht einfach herumstehen lassen wie ein altes Rad. Wir gingen also eifrig daran, unsere Pferde zu putzen. Günthers Vater sauste gleich wieder davon und kam nach gut einer dreiviertel Stunde wieder — mit dem Milchmann und seiner Frau.
Susan und ich warfen einander befremdete Blicke zu. Aber Angie grinste wie ein Honigkuchenpferd. »Wir brauchen doch jemand, der uns den Achill einspannt und zu Annettes Großvater kutschiert.«
Der Milchmann! Klar, auf die Idee hätte man auch selbst kommen können. Angie schob sich näher und flüsterte uns zu, daß die beiden uns begleiten würden, in der Kutsche, als kleine Abwechslung und zum Abschiednehmen von Bobby.
Annette machte ein etwas unwilliges Gesicht. »Auf einmal! Dabei hätten sie Bobby schlachten lassen.«
»Besser schlachten als verhungern lassen. Das ist gnädiger — wenn man kein Geld hat.« Angie sah die Sache anders, und wir mußten ihr schließlich zustimmen.

Die Zeit verging wie im Flug. Achill quer durch Neuenburgweide zum verwilderten Grundstück des Lehrers zu führen, war ein wenig lästig. Aber immer noch besser, als die Kutsche selbst zum Stall zu ziehen. Susan und ich staunten, als wir das Werk unserer Freunde begutachteten. Die drei hatten ganze Arbeit geleistet: Die Kutsche war vollkommen sauber, und wenn auch die Farbe hier und da ein wenig abgeblättert war, wirkte das ganze Gefährt doch wunderhübsch.
Der Milchmann zeigte uns, wie man ein Pferd einspannt, holte seine Frau zu sich in die Kutsche und ließ Achill dann langsam durchs Dorf zuckeln, zurück zum Stall. Der große Braune wirkte zunächst ein wenig verwirrt, vielleicht war er längere Zeit nicht gefahren worden, legte sich dann aber mit einem Eifer ins Zeug, der jedem richtigen Kutschpferd zur Ehre gereicht hätte. Seine Ohren wippten, er rundete den Hals und stellte den Schweif, so daß es aussah, als wolle er jeden Augenblick auf und davon. Dazu die von Sonne überflutete Herbstlandschaft. Es sah traumhaft aus. Jeder von uns durfte ein kleines Stück in der Kutsche mitfahren, dann hatten wir den Stall erreicht und gingen in Windeseile daran, unsere Pferde zu satteln. Frau Grüne war mit einigen Jugendlichen losgezogen, um Bobby zu holen, und traf in dem Augenblick ein, in dem auch wir fertig waren. Wir hoben Benno und seine kleine Schwester auf Bobbys Rücken, und nun konnte der kleine Zug sich formieren. Frau Grüne wollte Bobby führen; vielleicht traute sie es Günther nicht so ganz zu. Waldgeist wirkte auch richtig aufgekratzt, schnaubte und prustete und drehte sich mit steil aufgestelltem Schweif im Kreis, so daß Günther Mühe hatte, überhaupt aufzusitzen. Alpenveilchen machte mir ebenfalls Schwierigkeiten; sie fing wieder an, rückwärts zu laufen und riß mir ständig die Zügel aus der Hand. Susan mußte sie schließlich halten, damit ich überhaupt aufsitzen konnte.

»Olle Mistbiene!« zischte ich, und Alpenveilchen schlug so heftig mit dem Kopf zurück, daß ich es förmlich krachen hörte.
Dann aber konnte es endlich losgehen. Achill vor der Kutsche wurde an den Anfang beordert, dann folgten Bobby und wir Reiter. Ich war darauf bedacht, den Schluß zu bilden, denn man wußte nie, was Alpenveilchen in ihrer Bockigkeit anstellen würde. Sie hätte bei ihren albernen Eskapaden leicht eines der Kinder, die sich um Bobby scharten, verletzen können. Susan, treu und kameradschaftlich, hielt sich an meiner Seite. Alpenveilchen legte zwar zornig die Ohren an und schnappte nach dem Gebiß, als Husar neben ihr auftauchte, verhielt sich aber ansonsten anständig.
»Vielleicht bessert sie sich«, meinte Susan.
»In hundert Jahren nicht«, widersprach ich und knirschte ebenso mit den Zähnen wie mein Pferd.
Eigentlich, dachte ich dann, als wir uns in Bewegung setzten, war es schön, ganz hinten zu reiten und so den kleinen Zug zu überblicken, der gemächlich und doch schwungvoll durch das Dorf zog, bis hin zum Waldrand, zum Haus von Annettes Großvater.
Achills beschlagene Hufe klapperten allen voran. In seine Mähne hatten wir bunte Bänder eingeflochten, die Kutsche war mit zwei langen Girlanden geschmückt, die das letzte verregnete Fastnachtsfest überlebt hatten.
Die Kinder liefen in farbenfrohen Kleidern herum, hier leuchtete ein knallroter Anorak, dort eine gelbe Mütze, hier ein himmelblauer Winterpulli, unsere Pferde glänzten vor Sauberkeit, nußbraun, fuchsrot, schwarz und silberweiß. Und dann Bobby, der, blankgestriegelt, mit erhobenem Kopf dahintippelte, eifrig, aufgekratzt, als wüßte er, daß er der Mittelpunkt, der Star des heutigen Tages war. Jetzt bogen wir um die letzten Ecke — und da stand schon Annettes Großvater vor der Tür, angelockt durch Hufgeklapper und Räderquietschen.

Ich fühlte, wie mein Gesicht zu leuchten begann. Ich liebte es, andere Leute zu überraschen, und Annettes Großvater sah so aus, als würde er vor lauter Überraschung in Ohnmacht fallen. Fassungslos starrte er uns an, wurde rot, dann blaß, wirkte erst verlegen, dann glücklich. Seine kleinen blauen Augen begannen zu strahlen. Langsam ging er auf Achill zu und klopfte dem kräftigen Pferd beinahe andächtig den Hals.
»Kinder, Kinder!« sagte er und dann noch einmal: »Kinder, Kinder!«
Wir schwiegen in gespannter Erwartung, und Annettes Großvater räusperte sich mehrmals hintereinander.
»So eine schöne Kutsche«, murmelte er dann. »Die lädt ja direkt ein zum Spazierenfahren.«
Jetzt ritt Annette nach vorn. Wir andern schwiegen, schließlich war es ihr Großvater. Salome scharrte ungeduldig auf der Straße und beugte den Nacken, kaute heftig auf dem Gebiß, so daß weißgelber Schaum von ihrem Maul tropfte.
»Soll sie auch«, sagte Annette jetzt. »Deinetwegen haben wir sie aufgetrieben und das alles organisiert – damit du mitkannst. Meine Freunde haben mir so geholfen, es war überhaupt ihre Idee – ganz prima haben sie das hingekriegt.«
Annettes Großvater hörte staunend zu und betrachtete uns dann mit einem Blick, der zumindest mich erröten ließ. Schnell wandte ich das Gesicht ab.
»Kinder, Kinder!« murmelte Annettes Großvater zum drittenmal. »Was soll ich dazu sagen? Ihr seid ja – nein, da finde ich keine Worte.«
Annette lachte ein wenig aufgeregt. »Mußt du auch nicht! Steig schnell ein, aber zieh dir noch etwas Warmes über, die Luft ist eisig. Und dann nichts wie los, sonst gräbt Salome die ganze Straßendecke auf.«
Wir alle lachten. Annettes Großvater verschwand schnell im Haus und kehrte in einen warmen Mantel gehüllt zurück. Zuerst streichelte er Salome, dann

Bobby, unsere Hauptperson, dann ging er daran, die eine Kutschentür zu öffnen.
»Nein, nicht doch!« wehrte Annette ab und lenkte Salome zur Kutsche hin. »Nach vorn, Großvater, auf den Kutschbock! Du sollst doch kutschieren.«
»Ich soll — ?« Er brach ab und blickte uns an.
Wir nickten heftig, gespannt. Der Milchmann gesellte sich zu seiner Frau und Herrn Wendel in den hinteren Teil der Kutsche, und Annettes Großvater erklomm langsam und etwas steifbeinig den Kutschbock. Vorsichtig nahm er die Leinen auf und griff nach der gehobenen Fahrpeitsche. So behutsam und andächtig und gleichzeitig geschickt tat er das, daß man sofort sah, wieviel Erfahrung er besaß.
Mit kaum sichtbaren Hilfen wendete er das kleine Gespann, und wir formierten uns wieder hinter ihm.
Annettes Großvater lächelte leise vor sich hin. »Was für ein Gefühl, wieder einmal Leinen in den Fäusten zu haben«, sagte er, gedämpft nur und wie zu sich selbst.
Ich tauschte einen Blick mit Susan. Wir beide dachten dasselbe. Ich wußte es. Und wir würden den Ausdruck auf dem Gesicht des alten Mannes nie vergessen oder den Klang seiner Stimme bei diesen Worten.
Schweigend setzten wir uns wieder in Bewegung. Als wir das Dorf hinter uns gelassen hatten, begannen einige der Kinder zu singen. Andere fielen ein. Wir Größeren schwiegen zunächst geniert, aber als dann sogar die Erwachsenen zu singen begannen, warfen auch wir unsere Hemmungen über Bord. »Hoch auf dem gelben Wagen«, tönte es durch die klare kalte Luft, dann »Hüaho, alter Schimmel«, und so ging es fort. Die sonnenbeschienene Landschaft, die langsam, braun, golden, rotbunt und in allen Grünschattierungen an uns vorüberzog, lud zum Singen ein. Wir atmeten tief durch. Sogar die Pferde wirkten zufrieden. Alpenveilchen ging entspannter als sonst und duldete Husar an ihrer Seite, ohne die Ohren anzulegen.

Herr Wendel hatte seine Kamera dabei und machte Aufnahmen von uns, aus der Kutsche heraus und von der Straße. So zogen wir schließlich auf dem Schröderhof ein. Bobby hatte seine neue Heimat erreicht.
»Hier kann er bleiben, bis er friedlich einschläft«, meinte Angie glücklich. Wir brachten das Pferd in seine Box, in der es sich offensichtlich wohl fühlte. Das Pony betrachtete uns neugierig, und Balthasar, die Zwergziege, galoppierte wie ein wildgewordener Handfeger aufgeregt über die kleine Stallgasse und meckerte dabei pausenlos. Als wir uns davon überzeugt hatten, daß es Bobby an nichts fehlte, kümmerten wir uns um die anderen Pferde. Wir sattelten ab, spannten Achill aus und ließen unsere Tiere auf einer kleinen Weide laufen, die Herr Schröder uns gern zur Verfügung stellte. Die Pferde kannten einander und vertrugen sich. Rasch senkten sie ihre Nasen ins Gras. Nur Alpenveilchen sonderte sich mit ihrem bekannten mürrischen Gesichtsausdruck ab.
»Und jetzt?« erkundigte Annettes Großvater sich. »Was habt ihr vor?«
»Jetzt gehen wir in den Krug«, erläuterte Günther. »Wir haben einen Riesentisch bestellt.«
»Na fein.« Herr Wendel rieb sich die Hände. »So ein Schöppchen könnte ich vertragen.«
Gemeinsam zogen wir los. Der »Rote Krug« war das einzige Gasthaus hier im Ort, ein uraltes, aus Backsteinen erbautes Gebäude, mächtig und trutzig, fast wie eine Burg. Es lag im Herzen des winzigen Ortes an der sogenannten Hauptstraße. Da es das älteste Gebäude hier überhaupt war, hatte es dem Ort den Namen gegeben: Rotenkrug.
Der Wirt erwartete uns bereits und begrüßte uns erfreut. Mit dem Gasthof ließ sich nicht übermäßig viel verdienen, daher züchtete er nebenbei Schafe.
Wir bestellten Saft, Wein, Bier, ofenfrische Brezeln, knackige Käsestangen, Brote mit Hausmacherwurst.

»Prima!« urteilte Susan und biß herzhaft in eine dicke Brotscheibe, fingerdick mit Leberwurst bestrichen und mit Blutwurst garniert. Annettes Großvater hielt sich an den Schafskäse, Herr Wendel löffelte genußvoll einen Riesenteller Ochsenschwanzsuppe.
»Heute gibt's hier alles«, versicherte der Wirt und freute sich über die zahlreichen Gäste.
Irgendwann wurde es dann Zeit, wieder aufzubrechen, da die Dämmerung sich bereits ankündigte. Wir zahlten, verabschiedeten uns und schlenderten in prächtiger Stimmung zurück zum Schröderhof. Die Pferde protestierten nicht, als wir sie wieder einfingen und sattelten. Achill ließ sich ohne weiteres von Annettes Großvater anspannen.
»Laß mich Alpenveilchen reiten«, schlug Susan vor. »Dann kannst du mal wieder Husar genießen.«
Ich nahm das Angebot nur zu gern an. Wir verfrachteten Benno und seine kleine Schwester in die Kutsche, da wir ihnen nicht zumuten konnten, den Weg zurückzulaufen. Bennos Freund winkte uns nach, als wir in gemütlichem Zuckelschritt verschwanden.
Was für ein Tag! Ich seufzte zufrieden in mich hinein. Bobby gut untergebracht, Annettes Großvater so richtig glücklich. So müßte es immer sein!

Alltagssorgen

Aber natürlich konnte es so nicht bleiben. Es fing damit an, daß das Wetter schlechter wurde. Und wie! Wochenlang sollten wir keinen Sonnenstrahl mehr sehen. Regen, Schmuddelwetter, dann im Oktober wieder ein plötzlicher Kälteeinfall mit nächtlichen Schneefällen und morgendlichem Schneematsch. Susan wurde ihre Erkältung überhaupt nicht mehr los.
»Hatschi! Hatschi!« tönte es aus einem Kleiderberg von Mantel, Schal und Mütze.

Morgens, wenn wir auf den Schulbus warteten, sank unsere Laune gewöhnlich unter den Gefrierpunkt. In Kälte und Nässe stampften wir auf der Stelle, gemeinsam mit anderen Schülern, die der Gedanke an den Unterricht auch nicht aufheitern konnte.
»Heute schreiben wir Mathe«, klagte Susan dann, oder: »Ich werde bestimmt in Bio abgehört.« Es folgte ein neuer Niesanfall — und dann: »Von Physik habe ich keine Ahnung.« Und ein tiefer Seufzer.
Ich schwieg meistens und hing meinen Gedanken nach, die denen von Susan sehr ähnlich waren.
Der Bus hatte regelmäßig Verspätung, so daß wir uns ausrechnen konnten, erst kurz vor Unterrichtsbeginn in die Klasse zu hecheln.
»Ausgerechnet heute«, pflegte Susan dann zu jammern — wobei dieses »ausgerechnet« eigentlich bedeutete: wie immer. »Ich muß noch Französisch abschreiben. Und Chemie lernen. Und die Verbesserung in Englisch wollte ich auch noch machen.«
Oder so ähnlich.
Ich brummte dann »Hm« und überlegte mir, ob ich es wohl schaffen würde, während Erdkunde unbemerkt Mathe abzuschreiben. Dann kam der Bus.
So begann gewöhnlich unser Tagesablauf.
Zugegeben, begeisterte Schülerinnen waren wir nicht — und das, obwohl unsere Eltern Lehrer waren. Oder vielleicht gerade deshalb? Wir grübelten darüber nur höchst selten nach. Fest stand jedenfalls, daß man sich an uns nicht gerade ein Beispiel nehmen sollte. Unsere Eltern hatten auch längst resigniert und sich damit abgefunden, daß Susan jedes Jahr um ein Haar sitzenblieb und über mich dauernd Klagen wegen nicht erledigter Hausaufgaben eingingen.
Papa hielt uns dann eine Standpauke, und Mama machte ein trauriges Gesicht.
Als Susans Versetzung zum erstenmal ernsthaft gefährdet schien, wollte Papa ihr damit drohen, Husar zu

verkaufen. Zu seinem Entsetzen mußte er hören, daß Susan angesichts dieser Drohung nur in wieherndes Gelächter ausbrach.

»Du — Husar verkaufen?« Sie schüttelte sich vor Lachen. »Als ob du das fertigbrächtest!«

Papa war sprachlos vor Staunen und Entsetzen. Dann überlegte er und mußte wohl oder übel zugeben, daß seine mißratene Tochter recht hatte. Wenn er Husar verkaufte, strafte er sich selbst ebenso wie Susan.

Das ging also nicht.

Auch Mama protestierte heftig.

»Husar? Wenn du das tust, lasse ich mich scheiden!«

Susan und ich verfolgten die Szene interessiert.

»Beruhige dich«, meinte Papa. »Und verschone mich mit deinen Drohungen und Übertreibungen.«

»Übertreiben? Das ließe sich feststellen!«

Papa seufzte tief auf. »Nein, nein, ich bitte dich!«

»Überhaupt«, trumpfte Mama auf, »sind das veraltete Methoden. Nicht Strafe muß sein — sondern Anreiz.«

Dann wartete sie auf die Wirkung ihrer Worte. Susan und ich waren übrigens ganz ihrer Meinung.

Papa wanderte im Zimmer auf und ab, tief in Gedanken versunken. Erst als er Mitzi auf die Rute trat und die Dackelhündin mit lautem Jaulen aufsprang und aus dem Zimmer galoppierte, kam er wieder zu sich.

»Was soll denn das?« fragte er verärgert und starrte Mitzi hinterher. »Der Hund ist zu fett!« erklärte er dann und runzelte unwillig die Stirn.

»Willst du damit andeuten, daß ich sie zu gut füttere?« fragte Mama sofort in gereiztem Tonfall.

»Ja, genau wie das Pferd!« Papa grollte und ging wieder auf und ab, auf und ab.

Nun hielt Susan es für angebracht, das Gespräch noch einmal auf den von Mama erwähnten Anreiz für schlechte Schüler zu bringen. Das war ein Fehler.

»Ist das Pferd denn nicht Anreiz genug?« Papa straffte die Schultern und hob die Stimme. Er wirkte beein-

druckend. »Die Aussicht auf Turniere, die Tatsache, daß ihr jeden Tag reiten könnt?«
»Ja, wenn du nicht gerade ausreitest«, maulte Susan.
Papas Blick wurde noch strenger. »Er gehört uns allen. Er ist ein Familienpferd.«
Wir schwiegen. Wenn Papa recht hatte, hatte er recht.
»Das Schlimme ist«, fuhr er uns so unerwartet an, daß wir vor Schreck zusammenzuckten, »daß ihr nicht dumm seid, sondern faul, bodenlos faul!«
Obwohl meine Versetzung nicht gefährdet war, schwieg ich und ließ mich mit anschreien, so wie sich das unter Schwestern gehört, die sich verstehen.
Zu diesem Zeitpunkt wurde dann ein neues System eingeführt, das sich zumindest halbwegs bewährte. Papa war der Ansicht, daß Strafe sein müsse, Mama fand, man müsse einen Anreiz für uns schaffen. Was beide dann ausknobelten, sah folgendermaßen aus:
Für Susan und mich wurde ein Punktekonto eingerichtet: Jede Eins in einer Klassenarbeit brachte fünf Punkte, jede Zwei drei Punkte, in Tests galten drei Punkte und ein Punkt. Für Fünfen gab es entsprechende Abzüge, ebenso für blaue Briefe und nicht gemachte Hausaufgaben, die eine Beschwerde an die Eltern nach sich zogen. Am Ende des jeweiligen Schulhalbjahres wurden die angesammelten Punkte dann in Geld umgesetzt – nicht bar auf die Hand natürlich, aber man konnte sich dafür etwas wünschen: einen Theaterbesuch, eine neue Reithose, wenn das Geld reichte, ein Paar Schuhe oder eine Einladung zum Essen. Oft reichte es allerdings nur zu Hamburger und Pommes oder einem neuen Anbindestrick.
Aber immerhin.
Um auch Papas pädagogischer Einstellung entgegenzukommen, mußten wir, wenn Klagen über uns kamen, aufs Reiten verzichten und dafür Haus- oder Gartenarbeit verrichten, während Papa einen gemütlichen Ausritt unternahm. Das brachte uns auf den Gedanken,

daß er aus unserer Bestrafung vielleicht ganz gern einen persönlichen Vorteil ziehen wollte ...
Tröstlich zu wissen, daß nicht nur wir Ärger mit der Schule hatten, sondern auch unsere Eltern. Wenn man Papa so zuhörte, konnte man leicht den Eindruck gewinnen, daß sich an seiner Realschule im Lehrerkollegium fast nur Quertreiber befanden, solche, die den Schülern das Du anbieten, sie mit Würstchengrillen zu bestechen versuchen, und solche, die sich nächtelang in Kneipen herumtreiben und dann morgens verkatert zum Unterricht erscheinen. Zugegeben, ein abstoßendes Bild. Bei uns gab es solche Typen zum Glück nicht, von einer Ausnahme abgesehen: Susans Erdkundelehrer, der einen großen Ohrring und einen wallenden Vollbart trug und offensichtlich über die Diskos in der Gegend besser informiert war als über sein Fach. Dafür gab er gute Noten, und das war, fand Susan, ein recht netter Ausgleich. Solange sie in Erdkunde auf Zwei stand, konnte der Lehrer ruhig zehn Ohrringe und einen meterlangen Bart tragen.
Mama hatte andere Sorgen als ihre seltsamen Kollegen. Bei ihr stellten die Eltern der kleinen Schüler das Hauptproblem dar. Es verging kaum ein Tag, an dem nicht eine besorgte Mutter aufkreuzte, um Mama den Kopf vollzureden.
Eine ihrer Lieblingskandidatinnen war die Tochter von Färbers, denen der Birnbaumhof gehörte, verheiratet mit dem Bäcker aus Neuenburgweide, gesegnet mit immerhin vier Kindern, zwei davon Zwillinge, die in Mamas Klasse gingen, also in die Zweite.
Als Susan und ich so klein waren, pflegten Schüler noch größtenteils gehorsam und manchmal sogar verschüchtert zu sein. Aber anscheinend hatten sich die Zeiten geändert. Die Sextaner hatten keinen Respekt mehr vor den älteren Schülern. – Gut, das konnte man noch verstehen, viele aus unserer Altersgruppe waren auch nicht gerade respekteinflößend.

Aber daß sogar Grundschüler anfingen, frech und patzig zu sein und die Lehrer unverschämt anzupöbeln, ging vielleicht doch ein bißchen weit.
Mama jedenfalls fand es nicht so gut, als »olle Ziege« betitelt zu werden, und das von einem siebenjährigen Fratz. Färbers Tochter schien das nicht ganz einzuleuchten.
Hoffentlich würde sie eines Tages mal an Papa geraten, sie und ihre Sprößlinge! Papa verstand es zum Glück noch, sich halbwegs Respekt zu verschaffen und nicht als trotteliger Pauker angesehen oder als lascher Opa bezeichnet zu werden. Er fiel eben wirklich total aus dem Rahmen. Das wußte das ganze Dorf.
Wir waren ein beliebtes Klatschobjekt. Unser »pompöses« Haus – und die beiden Pferde! Und jetzt noch zwei Siebzehntel Gaul dazu – unser Anteil an Bobby. Zwei Autos, unfaßbar – nur weil Mama sich weigerte, jeden Morgen einige Kilometer zu Fuß zu traben. Papas altmodische Lehrmethoden, dazu Mamas Ansicht, daß der Lehrer einer Klasse vorstehen sollte, nicht die Schüler dem Lehrer.
Färbers Tochter hetzte, und ihre Eltern verbreiteten begeistert jeden Klatsch, den sie aufschnappen oder selbst erfinden konnten. Wir ließen uns von all dem nicht sonderlich beeindrucken, sondern lebten weiterhin so, wie wir es für richtig hielten.
Trotzdem trugen all diese Unannehmlichkeiten nicht gerade dazu bei, uns den Alltag zu versüßen.
Wenn die Pferde nicht gewesen wären!
Bobby, den wir besuchen und hätscheln konnten! Unsere eigenen Pferde, die vergnügten Stunden im Stall, Reitstunden, in denen man Blut und Wasser schwitzte, Stallarbeit, die jeden Muskel einzeln spüren ließ, Longenstunden für Anfänger, Sattelputzen, Hufeaufhalten beim Schmied. Und Alpenveilchen.
Alpenveilchen, die ihre kriegerische Haltung mir gegenüber nicht aufgab.

»Ich kann mit diesem Pferd einfach nicht«, behauptete ich mehr als einmal.
»Kein Wunder!« sagten dann zwar alle mitfühlend, aber das war's auch schon.
Mama fand Alpenveilchen noch immer entzückend. Die Stute ließ sich füttern, verschlang pfundweise Äpfel, Mohrrüben und Brot. Und da Mama selbst nicht ritt, war das natürlich das Wichtigste für sie.
Papa fand die Geländeritte auf Alpenveilchen nicht mehr so reizvoll, zumal sie immer kürzer ausfielen. Alpenveilchen strebte so beharrlich zum Stall zurück, unter Androhung von Buckeln und Steigen, daß Papa es meistens vorzog, ihrem Dickkopf nachzugeben. Sehr zum Leidwesen von Susan, die ihren Husar wieder öfter an Papa abtreten mußte.
Als der Winter – dem Kalender nach – nahte, hatte ich Alpenveilchen praktisch für mich allein. Es war noch immer kalt, Schnee, Matsch und Glätte wechselten einander ab, das Wetter lud zum Ausreiten kaum noch ein, und in der Bahn wollte Papa Alpenveilchen überhaupt nicht reiten. Susan verzichtete lieber ganz, als die Stute zu nehmen, wenn Papa Husar hatte.
Alpenveilchen blieb an mir hängen.
»Wenn sie ganz toll wäre, hätte ich ja nichts dagegen«, klagte ich Susan an einem vorweihnachtlichen, rauhen Winterabend mein Leid. »Wenn sie so temperamentvoll wäre, daß Papa sich nicht auf sie traut, aber ansonsten prima, talentiert und willig und – ach, eben ein Pferd, das anpackt, mitmacht...«
Susan hörte zu, seufzte, nickte. Wir saßen im Reiterstübchen, nuckelten an einer Limonade und beobachteten Günther und Angie beim Reiten. Angie wurde heute von ihrer Familie »besichtigt«. Ihre Eltern verlangten etwas für ihr Geld, gutes Reiten, gut trainiertes Pferd, Turniererfolge. Nur zum Rumjuckeln hatten sie Absalon nicht gekauft. Dazu vorbildliches Benehmen von Angie, Pünktlichkeit, immer gute Noten...

»So viele Bedingungen können einem glatt den Spaß am Reiten verderben«, fand Susan. Wir hatten wieder einmal in die gleiche Richtung geschaut.
»Da siehst du mal, wie ernst es Angie ist«, versetzte ich und saugte den Rest Limonade aus der Flasche.
»Logo. Mit etwas weniger Begeisterung würde sie auf den ganzen Mist pfeifen.«
»Würdest du?« Ich schielte zu Susan hin.
»Was?«
»Darauf pfeifen, wenn wir solche Eltern hätten.«
Susan überlegte. »Vielleicht. Nein. Ich glaube nicht.«
Wir schwiegen, und ich wartete darauf, daß Susan mir die gleiche Frage stellen würde. Aber in weiser Voraussicht tat sie das nicht. Sie wußte wohl, daß ich erklärt hätte: Mit einem Pferd wie Alpenveilchen würde ich lieber drauf verzichten.
Plötzlich sagte sie: »Stell dir mal vor: Alpenveilchen und solche Eltern.«
Wir schauten einander an und prusteten auf einmal los, ohne eigentlichen Grund. Susan japste, und ich wischte mir die Tränen aus den Augen.
Annette, die sich gerade zu uns gesellte, bedachte uns mit ziemlich fassungslosen Blicken. »Was ist denn mit euch los?«
»Nichts, nichts.« Wir winkten kraftlos ab. Annette setzte sich, bestellte ein Schinkenbrot und beobachtete, den Kopf in die Arme gestützt, die beiden Reiter.
»Waldgeist geht gut«, sagte sie anerkennend.
»Ja, der kann auch Dressur gehen. Kein Wunder, daß Günther das Silberne hat.«
»Da fällt mir ein«, unterbrach Annette hastig und schaute uns an, »ich habe gehört ... Uff! Angies Eltern sind auf ihre Art ebenso schlimm wie meine.«
Susans Augen verengten sich zu schmalen Schlitzen.
»Erklärst du uns mal, wovon du redest?«
»Moment. Puh, ich komme um vor Hitze! Drunten ist's so kalt und hier oben so warm.« Annette schälte sich

aus ihrem Parka, nahm das Schinkenbrot in Empfang.
»Danke. Kann ich wohl einen Glühwein bekommen? Ich hab's vorhin ganz vergessen.«
»Du trinkst Alkohol?« fragte Susan pikiert. »In deinem zarten Alter?«
»Ich bin sechzehn«, erwiderte Annette empört.
»Eben«, meinte Susan von oben herab. Sie war Anfang Dezember siebzehn geworden.
Jetzt brach ich mein Schweigen und rammte Annette energisch den Ellbogen in die Seite. »Was haben Angies Eltern denn wieder ausgebrütet?«
»Ach ja!« Annette zersäbelte eifrig mit Messer und Gabel ihr Brot.
Susan beobachtete sie wie eine Schlange, die ein Kaninchen hypnotisiert. »Iß doch mit den Händen wie ein normaler Mensch!« kritisierte sie dann.
»Sag mal, was hast du denn heute?« Annette blickte Susan verwundert, mit vollen Backen kauend, an.
»Hier doch nicht!« Sie warf einen Blick in die Runde. »Mensch, du bist doch nicht im First-class-Restaurant.« Susan schnappte sich eines der kleinen Brotquadrate mit den Fingern und aß es genüßlich, leckte sich hinterher jeden Finger einzeln ab.
»Ferkel«, sagte Annette.
»Red schon«, forderte Susan.
»Na gut. Angies Eltern bestehen darauf, daß Angie nächstes Jahr das silberne Reitabzeichen für Jugendliche macht. Wenn sie durchfällt, muß das Pferd weg.«
Unvorstellbar, auf welche Erpressermethoden manche Eltern verfallen, schoß es mir durch den Sinn.
Auch Susans Gesichtsausdruck war vollkommen fassungslos.
»Das gibt's doch nicht. Verkaufen?« murmelte sie schließlich.
Wir schauten einander an, begegneten dann Annettes düsterem Blick, von einem bedeutungsschweren Nicken begleitet. »Wenn Angie es nicht schafft.«

»Na, bei solchen Aussichten muß sie ja besonders zuversichtlich und locker an die Sache herangehen«, erklärte Susan trocken.
Wir nickten düster und hatten wohl alle denselben Gedanken: Wie schrecklich, wenn Eltern ständig Erfolge als Gegenleistung für ihre Großzügigkeit erwarten. So nach dem Motto: Nach all dem, was wir für dich tun ...
»Blöd«, murmelte ich und rümpfte die Nase.
Annette schnitt eine Grimasse. »Dann schon lieber meine Eltern, denen alles piepegal ist. Die lassen mich wenigstens in Ruhe. Und mein Großvater, der ist einfach prima! Wenn ich den nicht hätte ...«
»Dein Großvater ist eine Wucht«, stimmte Susan zu und stibitzte das letzte Gürkchen von Annettes Teller.
Annette seufzte, allerdings nicht der Gurke wegen. »Wenn er es nur leichter hätte! Wenn meine Großmutter noch lebte! Oder er wenigstens mehr Geld hätte!«
Wir schwiegen eine Weile, und dann meinte ich, in einem Versuch, etwas Tröstendes zu sagen: »Du besuchst ihn doch fast jeden Tag. Und er besucht Salome im Reitstall. Wie wäre es übrigens, wenn du sie einfahren würdest? Dann hätte dein Großvater wenigstens noch ein Pferd zum Ausfahren.«
Annette lachte. »Salome einfahren? Ich? Du spinnst!«
»Oder jemand anders«, beharrte ich.
Annette schüttelte den Kopf. »Nie und nimmer. Nicht Salome. Sie würde die Deichsel abbrechen, den Wagen umwerfen und durchgehen, über alle Berge.«
»In dieser Reihenfolge?« fragte Susan und beschloß, da sie Hunger hatte, ebenfalls ein Brot zu bestellen.

An Weihnachten waren dann Schul- und Stallprobleme vergessen. Seit wir Pferdebesitzer waren, war es bei uns Tradition, am vierundzwanzigsten morgens in den Stall zu fahren und unser Pferd — das heißt, jetzt waren es ja zwei — zu verwöhnen. An diesem Tag war Mama ganz in ihrem Element.

Auch dieses Jahr stand sie schon sehr früh auf und kochte in ihrem ältesten Topf einen köstlich duftenden Brei, der aus Hafer, Kleie und Leinsamen bestand. Dann packte sie eine große Tüte mit Mohrrüben, Brot und Äpfeln.
Als Susan und ich schlaftrunken in die Küche wankten und hofften, ein kräftiges Weihnachtsfrühstück vorzufinden, war Mama schon dabei, den Brei in zwei Eimer abzufüllen. Sie sah uns tatendurstig an, bereits in Wintermantel und Stiefeln, den Schal unternehmungslustig um den Hals geschlungen. »Seid ihr fertig? Wo habt ihr denn Papa gelassen?«
»Nirgends haben wir ihn gelassen«, antwortete Susan frech, da sie hungrig war. Ihre Blicke wanderten über den Eßzimmertisch, auf dem nur eine leere Blumenvase, zwei Heftschlaufen und eine von Brotkrümeln gezierte Papierserviette ein Stilleben führten.
»Heißt das, daß er noch schläft?« fragte Mama pikiert. »Heute, an diesem besonderen Tag?«
Ich schielte auf unsere große rosa Küchenuhr, die über dem Spültisch hing und aufdringlich laut tickte. Ihre Zeiger sagten mir, daß es noch viel zu früh war, um das Haus zu verlassen, die gemütliche Wärme, den gefüllten Kühlschrank, den Christstollen und die verführerisch duftenden Plätzchen. Es war genau halb neun.
Mama riß mich aus meinen Gedanken, als sie mit Schwung die beiden Eimer auf dem Küchentisch abstellte. Susan wandte sich angeekelt ab und hielt sich demonstrativ die Nase zu.
»Bäh!« machte sie. »Ich hasse diesen Brei.«
»Du sollst ihn ja nicht essen«, erklärte Mama und verschwand wie eine Furie, um Papa zu wecken.
Susan nahm sofort die Finger von der Nase und schielte in die beiden Eimer. Dampf und ein seltsam süßlicher Duft schlugen ihr entgegen. Sie schaute mich an. »Da ist wieder pfundweise Zucker drin. Wetten? Husar ist sowieso schon fett genug.«

Ich zuckte mit den Schultern. Im Augenblick interessierten mich meine eigenen Hungergefühle weitaus mehr als Husars rundes Bäuchlein.
Aus dem oberen Stockwerk ertönten Stimmen. Mama machte Papa Vorwürfe, weil er an diesem besonderen Morgen um halb neun noch im Bett lag. »Es sind schließlich auch deine Pferde!« hörten wir sie rufen. Ihre Stimme klang schrill.
Ein sich anbahnender Ehestreit. Wir spitzten interessiert die Ohren.
Papa gab zwar Antwort, allerdings mit eher schwacher Stimme, müde und leicht resigniert, und außerdem wußte er aus Erfahrung, daß Mama seinen schwachen Protesten ohnehin keine Aufmerksamkeit schenkte.
»Verzichte heute aufs Rasieren!« befahl sie zum Schluß mit scharfer Stimme. »In zehn Minuten wollen wir fahren. Wir sind immer um neun am Stall gewesen, und das soll auch dieses Jahr so sein.«
Tja, wenn es um Traditionen ging, konnte Mama ungemein energisch werden.
Es war dann doch schon zehn vor neun, als Papa erschien, mit gewissermaßen zerknautschtem Gesicht und ebensolcher Laune. Natürlich hatte er sich doch rasiert. Er würde niemals unrasiert und ohne Krawatte das Haus verlassen. Das gehörte zu seinen Prinzipien. Mama sah ihm anklagend entgegen, weil ihr schöner Brei bereits abgekühlt war.
Wir luden Mitzi, die heute nicht fehlen durfte, ins Auto und vergewisserten uns, daß Pedro im Haus war. Er sah uns aus giftgrünen Augen herausfordernd an und fauchte unliebenswürdig, als Papa ihn zum Abschied hinter den Ohren kraulen wollte. Dazu hieb er noch mit der Pfote nach ihm. Beleidigt erhob Papa sich und stolzierte hinaus, ohne den Kater noch eines Blickes zu würdigen.
Natürlich kam es, wie es kommen mußte. Der Wagen wollte nicht anspringen. Papa fluchte und mühte sich,

aber es hatte keinen Sinn. Außer ein paar schnarrenden, röhrenden Geräuschen gab das Auto keinen Mucks von sich. Mamas Lippen wurden schmal, so, als wäre alles allein Papas Schuld. So standen wir da, in eisiger Kälte, mit leerem Magen, und verfolgten Papas Kampf mit der Technik.
»Mir reicht's. Ich geh' ins Haus«, verkündete Susan und hob fröstelnd die Schultern, gerade als sich nebenan die Haustür öffnete, Günther aus der Tür stapfte und um die Ecke lugte. »Was ist los?« wollte er wissen. Sein Haar stand noch wild in alle Richtungen, und er wirkte ziemlich verschlafen. Über den Pyjama hatte er nur einen riesigen Sackpullover gezogen, der ihm bis zu den Knien reichte.
Susan hielt mitten in der Bewegung inne und musterte ihn kritisch. Günther schielte an sich hinunter, ohne näher auf seine seltsame Verkleidung einzugehen.
»Der Wagen will nicht!« Papa klappte wütend die Autotür zu. Sein Gesicht war zornesrot, und er sah aus, als wollte er uns alle auffressen. »Und dafür steht man mitten in der Nacht auf, rennt ohne Frühstück aus dem Haus! Dabei sind Ferien!«
In den Häusern gegenüber wurde es lebendig. Rollläden wurden geöffnet, Vorhänge beiseite geschoben. Interessierte Nachbarn beobachteten die kleine Szene.
»Das sorgt wieder für Klatsch«, sagte Susan.
»Wenn schon!« Ich hatte Hunger und fror und wollte entweder ins Haus zurück oder sofort in den Stall.
Mamas Blick wanderte vom abgekühlten Brei auf ihre Armbanduhr, die eindeutig die volle Stunde anzeigte.
»Gib doch nicht so schnell auf!« fuhr sie Papa aufgebracht an.
Papa kletterte wütend in den Wagen zurück. Er probierte es einmal, noch einmal, noch einmal, und gerade als Günther fachmännisch: »Der Motor ist längst abgesoffen« von sich gab, klappte es. Mit einem jaulenden Geräusch hatte der Motor seinen Widerstand

aufgegeben. Zwar schnurrte er nicht gleichmäßig wie eine zufriedene Katze, er tuckerte und rollte vor sich hin, aber er lief.

»Nun kommt schon!« schrie Papa.

Noch nie waren wir so schnell ins Auto geklettert. Ratschend legte Papa den Rückwärtsgang ein, mit quietschenden Reifen jagte er den Wagen rückwärts über die Einfahrt auf die Straße. Dort gab er ein paarmal Vollgas, so daß auch die letzten Nachbarn vor Schreck aus den Betten fielen, und brauste davon, daß der Schneematsch hoch aufspritzte. Susan und ich fielen in unsere Sitze zurück, erdrückten dabei beinahe Mitzi, die empört aufquiekte, und schafften es gerade noch, Günther kurz zuzuwinken.

»Geschafft!« meinte Papa zufrieden. Er war offensichtlich stolz auf sich.

Mama zog stumm die Brauen hoch, das allerdings so demonstrativ, daß auch Papa es sehen mußte. Schweigend und muffig legten wir die Fahrt zum Stall zurück. Niemand war dort zu sehen. Die Pferde mampften ihr Morgenheu, Bereiter und Herr Grünbaum frühstückten. Einer der beiden Westfalen fehlte; Herr Wendel unternahm wohl einen frühen Morgenritt. Salomes Box stand offen: Leises Stimmengemurmel war zu vernehmen. Also waren wir doch nicht die einzigen frühen Besucher. Annette und ihr Großvater klopften und streichelten die Stute und unterhielten sich gedämpft miteinander.

»Guten Morgen«, grüßten wir matt.

Annette antwortete »Hallo!« und ihr Großvater nickte mit freundlichem Lächeln. Papa drückte sich bei den anderen Pferden herum, während Mama auf Husars und Alpenveilchens Boxen zusteuerte.

»Schaut nur, was ich für euch habe! So leckere Sachen, feine, leckere Sachen! Hm, das schmeckt, meine beiden Lieben, ja, fein, fein, fein . . .«

Susan und ich tauschten einen langen Blick.

»Albern!« knurrte Susan. Daraus schloß ich, daß sie ebenfalls schlechte Laune und Hunger hatte. Mama jedoch ließ sich nicht beirren. Platschend entleerte sie die Eimer mit dem lauwarmen Brei in die Futterkrippen unserer Pferde, streichelte dann ihre Nasen, versuchte Alpenveilchen auf der Stirn zu kraulen, was die Stute mit wütendem Zähneklappern beantwortete, und ergoß dann ihre ganze Liebe über Husar, der die Streicheleinheiten gelassen hinnahm.
»Pst, Miriam, jetzt!« Susan deutete auf die Tüte voll Äpfel und Brot. Mama war in Husars Box.
Ich verstand. Zuviel Äpfel und Brot soll man nicht füttern, beides entwickelt beim Verdauungsvorgang zu viele Gase, kann also leicht zu Blähungen führen, gerade wenn das Pferd nicht bewegt wird.
Heimlich, still und leise gingen wir daran, die Leckerbissen gerecht zu verteilen.
Papa verfolgte unser Tun zwar mit verwunderten Blicken, war aber zu mißgestimmt, um freiwillig noch einmal Mamas Aufmerksamkeit auf sich zu lenken. Als Mama sich ihrer Tüte zuwandte, waren nur noch zwei Äpfel, zwei Kanten Brot und die Mohrrüben übriggeblieben.
Mama blieb der Mund offenstehen. »Nein, aber – wieso . . .?« Sie starrte sprachlos in die Tüte. Dann fielen ihre Blicke auf uns und Papa. »Was habt ihr mit all den Äpfeln gemacht?« fragte sie streng.
»Wir?« tat Susan unschuldig und riß die Augen erstaunt weit auf.
Mamas Mundwinkel zeigten Sturm an, ihre Lippen wurden zu schmalen Strichen. »Ja, ihr! Ihr beide oder euer Vater!«
Papa wurde hellhörig. Mamas Tonfall schien ihm nicht zu gefallen. »Wieso ich?« fragte er beleidigt.
»Wieso nicht?« In Mamas Stimme schwang eine gehörige Portion Ärger und Gereiztheit mit. »Du stehst sowieso nur vor fremden Boxen herum. Hast du unsere

Pferde schon begrüßt? Nein, natürlich nicht. Und weshalb nicht?«
Gerade kam Herr Wendel von seinem Ausritt zurück. Außerdem waren Annette und ihr Großvater Zeugen des peinlichen Auftritts.
Papa war die Sache unangenehm. »Ach, vergiß doch die dummen Äpfel«, erwiderte er deshalb betont heiter und schritt mit federnden Schritten zu Husars Box. »Na, mein Junge? Hat's dir geschmeckt?«
Susan und ich kicherten amüsiert.
Unsere Pferde waren wieder einmal vor Blähungen und Fettsucht gerettet. Und glücklicherweise heiterte ein anschließender kurzer Waldspaziergang mit Mitzi auch Mama wieder auf. Auf dem Rückweg forderte sie uns auf, Weihnachtslieder mit ihr zu singen. Papa weigerte sich, aber wir taten ihr um des lieben Friedens willen den Gefallen. »Oh, du fröhliche« sangen wir, und »Süßer die Glocken nie klingen«. Als Mama gerade zu »Es ist ein Ros entsprungen« ansetzte, hatten wir unser Zuhause erreicht.
»Hunger!« brüllte Susan und stürzte aus dem Auto, noch bevor die Räder stillstanden. Mitzi bellte japsend und hielt das Ganze wohl für ein witziges Spiel. Jedenfalls kletterte sie keuchend über mich hinweg und kugelte ebenfalls hinaus.
»Benehmt euch doch!« mahnte Papa.
Mama sang allein, aber mit ungetrübter Freude.
Bezeichnenderweise tauchte wieder Günther am Fenster auf, grinsend, aber gekämmt und mit Marmelade in den Mundwinkeln, wie ich neiderfüllt feststellte.
Mein Magen knurrte mittlerweile sehr.
»War's schön?« fragte Günther spöttisch.
»Aber sicher«, behauptete Susan und stürzte dann ins Haus, als gäbe es dort etwas umsonst. Während Papa, sie und ich dann unser Frühstück nachholten, machte Mama ihre letzten Einkäufe. Als sie zurückkam, frühstückten wir noch immer.

Mama war empört. »Was? Ihr seid noch nicht dabei, den Baum aufzustellen?«
Es war fast halb zwölf, vom Christstollen war nicht viel übriggeblieben, und Papa hatte Mitzi gedankenverloren mit Plätzchen und Marmeladebrot gefüttert, bis selbst Mitzi nicht mehr konnte. Mama sah das alles mit einem Blick und war sofort versöhnt.
»Ach, wenn es euch nur schmeckt!« Sie seufzte glücklich. Susan und ich grinsten einander zu.
Während wir dann den Baum schmückten, kam Mama ins Wohnzimmer, um sich bei Papa über Frau Färber vom Birnbaumhof zu beschweren.
»Denk dir, ich habe sie beim Einkaufen getroffen, und sie hat nicht einmal gegrüßt!« entrüstete sie sich. »Und dann hat sie dieser ekelhaften Frau Balinsky – der mit dem Doppelkinn und der Warze über dem rechten Auge – der hat sie ganz laut erzählt, daß ich ihre Enkel in der Schule immer schikanieren würde. Und daß ihre Tochter, die ja so reizend wäre, immer versuchen würde, mit mir klarzukommen, aber vergebens...«
Papa brummte und tat, als hörte er zu, aber in Gedanken war er mit der Kerzenaufteilung beschäftigt.
»Ich wette, dieser dämliche Benner hat nicht mal einen Weihnachtsbaum«, sagte er plötzlich und betrachtete dabei eine zierliche Glaskugel.
Herr Benner war einer seiner Kollegen, ein sehr alternativ eingestellter junger Mann, den man nur in Jeans zu sehen bekam und der laut Papas Berichten seinen Schülern das Du und Anteile seiner riesigen Müslivorräte anbot, die er zwischen allen Stunden zu vertilgen pflegte.
Außerdem war er aus der Kirche ausgetreten und lebte mit einer angeblich ganz radikalen Emanze zusammen. Herr Benner war Papa ein Dorn im Auge.
»Ich rede von Frau Färber«, bemerkte Mama.
»Und ich von Herrn Benner«, sagte Papa irritiert.
»Du meinst den ausgeflippten Geschichtslehrer?«

»Ja, diesen Geschichtsverdreher«, stimmte Papa zu.
»Der ist bestimmt als Spion eingeschleust.
»Du sieht zu viele Agentenfilme.«
»Ich doch nicht!« Papas Augenbrauen schnellten in die Höhe. »Die sind mir zu trivial.«
Mama lächelte nachsichtig und entschwand wieder in die Küche, um sich dem Mittagsimbiß zu widmen.
Von diesen Vorfällen abgesehen, verlief unser Weihnachtsfest harmonisch wie immer. Und danach?
Danach hatten uns der Alltag und unsere geliebten Pferde wieder.

Ein fröhlicher Reitkurs

Annettes Großvater hatte an Silvester Geburtstag. Wie jedes Jahr, so lud er auch diesmal unsere Gruppe zum Kaffeetrinken ein. Annettes Eltern waren in Winterurlaub gefahren, und sie durfte während ihrer Abwesenheit bei ihrem Großvater wohnen.
»Die schönste Zeit im Jahr«, behauptete sie und lachte. »Wenn meine Eltern in den Urlaub abdüsen, darf ich hierbleiben.«
Wir waren also bei der kleinen Feier ganz unter uns. Das Geburtstagskind, Annette, Angie, Günther, Susan und ich. Wir hatten alle zusammengelegt und Annettes Großvater einen prachtvollen, dicken Bildband über Pferde gekauft, außerdem jeder noch eine Kleinigkeit – eine Flasche Wein, etwas Süßes, einen Strauß Blumen. Annette war natürlich noch spendabler, da es sich um ihren Großvater handelte. »Er hat doch eigentlich nur mich«, meinte sie dazu.
Jedenfalls hatte sie eine riesige zweistöckige Geburtstagstorte gebacken. Annette kann toll backen und kochen; bestimmt wird sie mal eine gute Hausfrau.
In der geräumigen Küche des kleinen Hauses war es urgemütlich. Die Sonne schien zum Fenster herein, auf

einen appetitlich gedeckten Tisch. Weiße Tischdecke, blaugoldenes Service, in der Mitte die große Torte. Wir drängten uns auf die Eckbank, blinzelten in die Sonne und freuten uns an dem glitzernden Schnee und den schneebedeckten Ästen der Bäume, die wir von unserem Platz aus sehen konnten.
»Es ist toll, so am Waldrand zu leben«, behauptete Annette. »Wir gehen jeden Tag spazieren.«
»Sie bräuchten einen Hund«, fand Günther und nickte dem Großvater energisch zu.
Keine schlechte Idee. Wir tauschten zustimmende Blicke aus.
Der Großvater lächelte uns aus seinen freundlichen blauen Augen an. »Ach, Kinder«, meinte er, »wie oft habe ich mir das schon überlegt.« Mit langsamen, fast feierlichen Bewegungen schnitt er die leckere Torte an und verteilte Riesenstücke auf unsere Teller.
»Ja und?« Wir beobachteten ihn gespannt.
»Ich bin schon alt. Ich habe Angst, was aus dem Hund werden sollte, wenn ich ins Krankenhaus müßte – oder es noch schlimmer käme . . .«
Nach einigen erschrockenen Schweigesekunden protestierte Annette: »Du bist noch nicht alt, Großvater! Wie kannst du nur an so etwas denken!«
»Eben«, murmelte Günther bestätigend.
»Ich bin immerhin fünfundsiebzig und nicht mehr kerngesund«, widersprach Annettes Großvater freundlich. »Und was sollte aus dem Hund werden, wenn mir etwas zustieße? Könnt ihr mir das sagen? Außer Annettes Eltern habe ich keine Verwandten mehr – nur noch eine Nichte in Übersee und einen Vetter, der im Altersheim lebt und kaum noch Herr seiner Sinne ist. Glaubt ihr etwa, Annettes Eltern würden sich um den Hund kümmern?«
Schlagartig füllten sich Annettes Augen mit Tränen. Verlegen stellten wir es fest.
»Es tut mir leid, daß sie so sind«, flüsterte Annette.

Ihr Großvater legte ihr beruhigend eine Hand auf die Schulter. »Ich habe mich längst daran gewöhnt, daß ich für sie unwichtig bin«, behauptete er. »Es macht mir nichts aus. Ich habe ja dich.«
»Aber ich könnte den Hund auch nicht nehmen«, meinte Annette unglücklich. »Solange ich zu Hause lebe und meine Eltern das Sagen haben ...«
»Es gibt hier ja keinen Hund«, stellte ihr Großvater gelassen fest. »Also reden wir von etwas anderem.«
Es wurde ein gemütlicher Nachmittag. Wir verscheuchten alle traurigen Gedanken und unterhielten uns prächtig. Abends wechselten wir dann den Standort. Wir nahmen Annettes Großvater mit in die Reiterklause, in der wie immer der Jahreswechsel ausgelassen gefeiert wurde. Auch Angies Eltern kamen, allerdings nur ganz kurz. Angies Mutter war toll zurechtgemacht, in silberschimmerndem Kleid und Hochsteckfrisur, die mit Straßschmuckstücken verziert war. Mit Collier und perfekt geschminkt wehte sie in den Raum, als wäre sie einem Modejournal entsprungen.
»Angie, da bist du ja!« Sie musterte ihre Tochter mißbilligend. »Willst du dich uns wirklich nicht anschließen? Direktor Borgmann würde sich freuen, wenn du mitkämst. Mußt du sogar an diesem Abend die Gesellschaft deiner Reiterfreunde vorziehen?«
Susan verdrehte die Augen.
Annette schnitt eine Grimasse.
»Wirklich, Angie, es ist allerhand.« Angies Vater grollte hinter seinem schwarzen, kurzgestutzten Bart hervor.
Angie verzog widerwillig das Gesicht. »Gerade heute möchte ich hierbleiben! Geht lieber ohne mich.«
»Mein Fräulein, wir sprechen uns noch«, versicherte ihre Mutter und lächelte dann zuckersüß in die Runde. »Und morgen wird das Pferd wieder bewegt, ich dulde keine solche Schlamperei.«
»Morgen fängt ohnehin der Kurs an«, antwortete Angie mit unbeweglicher Miene.

Ihre Eltern gingen, und Angie atmete auf. »Gräßlich«, meinte sie, und wir nickten verständnisvoll.
Mama und Papa waren natürlich auch gekommen. Wenn es in der Klause etwas zu feiern gab, wollten sie nicht fehlen. Wir waren sehr zufrieden mit ihnen. Auch wenn sie gelegentlich Schwierigkeiten machten, im großen und ganzen konnte man stolz auf sie sein. Sie saßen und tranken, lachten und tanzten, fachsimpelten und unterhielten sich großartig. Günthers Eltern saßen mit an ihrem Tisch, außerdem natürlich Annettes Großvater. Herr Wendel, Herr Grünbaum und Fräulein Schimmelpfennig, die junge Café-Inhaberin aus Neuenburgweide, gesellten sich ebenfalls dazu.
»Prima Stimmung!« fand Susan, als es auf Mitternacht zuging. »Super!« fand auch ich.
Sektkorken floppten, die Musik war schwungvoll, und verführerische Düfte nach Pizza, Schinkenbrot und Jägerschnitzel schwebten durch den Raum.
»Aber denk mal, morgen wieder reiten! Und unser Kurs ist immer als erstes dran!«
»Morgen nicht. Da machen wir einen gemeinsamen Ausritt, die Anfänger und die Fortgeschrittenen.«
»Weißt du, wohin?«
Günther kam vorbeigetanzt, in der einen Hand eine Cola, in der anderen eine warme Brezel.
»Da müßt ihr mich fragen, ich weiß alles.«
»Dann rede mal«, forderte Susan und brach sich ein Stück von der Brezel ab.
»Wir reiten zu Bobby und trinken im Krug Glühwein, auf der Straße, im Sattel. Ist ja zu kalt, um die Pferde nach dem Reiten auf die Koppel zu stellen.«
Bobby besuchen? Keine schlechte Idee. Vor Weihnachten hatten wir ihn zum letztenmal gesehen.
Günther unterbrach sein wildes Gehopse und trudelte auf einen Barhocker.
»Wißt ihr, daß zwei Leute bereits ausgestiegen sind?«
»Ausgestiegen?« Wir verstanden nicht.

»Ja, sie wollen sich nicht mehr an Bobbys Unterhalt beteiligen.«
Annette schnaubte verächtlich durch die Nase. »Typisch!« fand sie.
Günther nickte. »Es wird ja auch ohne sie gehen. Aber Herr Grünbaum hat versprochen, für sie einzuspringen. Er will sich jetzt auch beteiligen.«
»Super!« meinte Angie anerkennend. »Er ist wirklich in Ordnung.«
»Schwer in Ordnung«, verbesserte Günther, stopfte sich den Rest Brezel in den Mund, griff nach seiner Colaflasche und stürzte auf Sabina zu. »Wie wär's mit diesem Tanz, Gnädigste?«
Sabina lachte.
Annette tippte sich an die Stirn. »Dem Guten ist der Sekt zu Kopf gestiegen.«

Am nächsten Morgen ging es uns allen nicht mehr so besonders. Günthers und unsere Eltern waren in den frühen Morgenstunden nach Hause gefahren. Wir Jungen schafften es, die ganze Nacht durchzumachen, und wankten gegen sieben leicht verkatert und ziemlich müde in den Stall, um zu misten und zu füttern.
Die Pferde wirkten munter und ausgeruht und blickten uns hungrig entgegen. Aus den meisten Boxen ertönte brummendes Wiehern oder Schnauben. Alpenveilchen wetzte wie wild die Zähne am Gitter über ihrer Futterkrippe und starrte uns giftig entgegen.
»Ziege!« begrüßte ich sie.
Sie legte prompt die Ohren an.
Herr Grünbaum, der an diesem Neujahrsmorgen selbst mit anpackte, grinste mich an. »Vielleicht solltest du einfach mal deine Einstellung gegenüber der Stute ändern«, schlug er vor.
Alpenveilchen und ich schauten einander prüfend an. Dann pfefferte sie wütend mit einem Hinterhuf gegen die Boxenwand und klapperte laut mit den Zähnen.

»Nein«, entschied ich, »sie sollte ihre Einstellung mir gegenüber ändern.«
»Ach, sie ist eine alte Mistbiene«, behauptete Susan, die vergnügt mit Husar schäkerte.
Ich schickte neiderfüllte Blicke zu den beiden hinüber und unterdrückte einen Seufzer. Herr Grünbaum dachte schon wieder an etwas anderes. »Fangen wir an!« forderte er uns auf und klatschte in die Hände.
Ungefähr zehn reichlich strapazierte Reiterlein begannen mit der üblichen Morgenarbeit. Susan, Angie und ich fütterten, während Herr Grünbaum, Günther und die Bereiter mit Misten anfingen. Annette und einige andere streuten direkt hinterher ein, und dann verteilten wir gemeinsam Heu. Sabina fegte die Stallgasse. Schon nach einer Stunde waren wir mit allem fertig.
»So schnell kann das gehen.« Annette staunte.
»Tja, wenn Hilfskräfte zur Verfügung stehen...«
»Während des Kurses könnt ihr gern immer helfen«, meinte Herr Grünbaum.
Angie reagierte empört. »Als ob wir das sonst nie täten, wenn wir Zeit haben! Während der Sommerferien, der Frühlingskurse – und überhaupt!«
Herr Grünbaum grinste sich eins, und uns wurde klar, daß er uns mal wieder auf den Arm nehmen wollte.
Günther knäulte die letzten Heuballenschnüre zusammen und pfefferte sie in die große Mülltonne.
»Wann reiten wir los?« erkundigte er sich.
»Du kannst es wohl nicht erwarten?« neckte Herr Grünbaum ihn. Er wirkte beneidenswert frisch und fit.
»Im Gegenteil.« Günther rieb sich den Kopf. »Ich wollte mich eigentlich noch ein paar Stunden hinhauen.«
»Und ich habe gehofft, daß ihr mir helft, einige Pferde zu bewegen...« Herr Grünbaum blickte uns listig an.
Normalerweise wären wir bei seinen Worten in einen mittleren Freudentaumel ausgebrochen, aber heute reagierten wir eher lasch und lächelten halbherzig oder starrten betont gleichgültig an die Decke.

»Na ja«, kam es von Annette, »weshalb nicht?«
Nur Sabina war ehrlich begeistert. Sie besaß ja kein eigenes Pferd und freute sich, mal kostenlos ein gutes Tier unter den Sattel zu bekommen.
Mehr widerwillig als freudig zogen wir mit.
Herr Grünbaum schüttelte nur fassungslos den Kopf. »Müde Bande! Als ich in eurem Alter war ...«
»O Mann, die Sprüche kenne ich zur Genüge«, brummte Angie vor sich hin. »Mein Vater war der tollste, intelligenteste und beliebteste Kerl in ganz Mitteleuropa, und meine Mutter war die schönste, bestgekleidete, mit den feinsten Manieren ausgestattete ...«
»Vergiß es«, unterbrach Annette, »du weißt wohl nicht, daß meine Eltern schon Anspruch auf die absolute Nummer eins erhoben haben?«
Wir lachten und kamen allmählich wieder in Schwung. Umziehen wäre keine schlechte Sache, obwohl unsere Jeans und Pullis nach der Stallarbeit zwar ohnehin beklagenswert aussahen. Angie hatte, da sie ja in Hosen auf keine Feier durfte, sogar eines ihrer besten Winterkleider bei der Stallarbeit getragen, glücklicherweise aber mit einem blauen Stallkittel darüber. Trotzdem würden ihre Eltern wenig begeistert reagieren.
»Wir machen es so: Nach Hause fahren, umziehen, auf dem schnellsten Weg wieder zurückkommen.« Günther führte wie meistens das große Wort. Aber seine Vorschläge hatten Hand und Fuß.
»Und wann frühstücken wir?« murmelte ich dazwischen. Ich hatte mal wieder einen Riesenhunger.
Annette betrachtete mich mißbilligend. »Ist das alles, was dich beschäftigt?« fragte sie spitz.
»Im Augenblick ja«, gab ich ehrlich zu, und Susan hielt mir, wie meistens, die Stange.
»Ihr könnt bei mir frühstücken«, lud uns Herr Grünbaum ein. »Als Dank für eure Hilfe. Das haben wir doch immer so gehalten, oder nicht? Aber jetzt beeilt euch erst mal.«

Wir stoben davon wie der Blitz — jedenfalls beinahe. Annette holte ihren Großvater ab, der in der Klause Kaffee getrunken hatte, und Angie schlenderte nach Hause. Günther, Susan und ich mußten wohl oder übel mit dem Bus fahren. Und der ließ erst mal auf sich warten. Wir waren schon ganz steif und blaugefroren, als er endlich angebummelt kam.
Vor Günthers Haus trennten wir uns.
»Wie kommen wir zurück zum Stall?« fragte Susan.
Daß wir unsere Eltern noch einmal mobil machen konnten, war zu bezweifeln.
Also — wann ging der nächste Bus zurück? Heute war Feiertag, das bedeutete... In zweieinhalb Stunden! Unmöglich, so lange konnten wir nicht warten.
»Ich kriege Papa wach«, versicherte Susan und schob tatendurstig die Ärmel ihres Anoraks hoch.
»Meinst du?« Ich war skeptisch. Aber Susan blieb zuversichtlich und versprach, bei Günther zu klingeln, wenn es losgehen konnte.
Es grenzte wohl an ein Wunder, aber Susan schaffte es tatsächlich nicht nur, Papa wachzurütteln, sie brachte ihn sogar dazu, unter Mamas unwilligem Brummen das Bett zu verlassen und sich anzuziehen. Natürlich dauerte es endlos, bis er, noch im Halbschlaf und mit zugefallenen Augen, seine Krawatte gebunden hatte, und dann tastete er lange und umständlich nach dem Rasierapparat. Papa ist eben ein Mensch mit Prinzipien. Mama schimpfte unterdrückt, weil das Surren des Rasierers sie störte, und Papa muffelte leise vor sich hin.
»Warum nur bin ich mit solchen Töchtern gestraft?« fragte er sich. Und ähnliches mehr.
Während Susan sich bemühte, ihn auf Trab zu bringen, stopfte ich in der Küche ein dickes Stück Kuchen in mich hinein. Ich wischte mir gerade die letzten Krümel aus den Mundwinkeln, als Papa kam.
»Setz dich!« befahl Susan, »wir ziehen uns nur um.«

Papa steuerte auf seinen Sessel zu, stolperte dabei über Pedro, der ihn anfauchte, und ließ eine Schimpfkanonade los. Mit hochgewölbtem Rücken, noch immer fauchend, stolzierte Pedro davon. Seine Augen funkelten zornig. Papa hingegen sank seufzend in den nächsten Sessel und schloß die Augen.
»Daß du mir nicht einschläfst!« mahnte Susan. Gemeinsam polterten wir nach oben.
»Könnt ihr nicht leise sein?« rief Mama mit schlaftrunkener, aber dennoch aufgebrachter Stimme. Mitzi, die vor Mamas Bett lag, gab bellend ihren Senf dazu.
Wir waren in Rekordzeit umgezogen und stürmten lärmend wieder nach unten. Und Papa? Er hing mehr im Sessel, als er saß, produzierte pfeifende und grollende Schnarchtöne und schlief den Schlaf der Gerechten, während Pedro boshaft seine Krallen am Polsterbezug des Sessels wetzte. Das wagte er nämlich nie, wenn jemand ihn beobachtete. Papa so auszutricksen, bereitete ihm offensichtlich diebisches Vergnügen.
»Wirst du wohl!« schimpfte ich mit ihm. Susan rüttelte Papa energisch wach. »Du bist mir vielleicht einer!«
»Wer – was – wieso?« Papa schreckte hoch und starrte uns anklagend an, mit dem völlig desorientierten Blick eines Menschen, der gerade aus dem Tiefschlaf gerissen worden ist. »Was wollt ihr denn? Ich bin doch hellwach.«
»So kommt's mir vor«, brummte Susan und zerrte Papa wenig sanft aus dem Sessel, drückte ihm Wagenpapiere und Schlüssel in die Hand und den Hut auf den Kopf. Gemeinsam schoben wir ihn zur Tür und nach draußen zur Garage. Umständlich fummelte Papa an der Garagentür herum, aber die klare, kalte Winterluft schien ihn schnell etwas munterer zu machen. Susan klingelte Günther aus dem Haus, und zu dritt warteten wir darauf, daß Papa den Wagen aus der Garage fuhr. Unsere Garage ist ein seltsam schmaler, langer Schlauch, in dem wir unsere Autos hintereinander par-

ken müssen. Meistens steht Mamas Auto vorne und Papas hintendran, und so war es auch heute.
Papa startete — Röhren und Orgeln, sonst nichts. Einmal, zweimal, dreimal.
»Das gibt's doch nicht!« Papa tobte so laut, daß man es in der ganzen Straße hören konnte. »Diese Schrottkiste spielt schon wieder verrückt! Mir reicht's!«
Susan stieß mich heimlich an.
»In einem Stummfilm müßte er sich jetzt den Hut vom Kopf reißen und drauf herumtrampeln«, flüsterte sie.
»Oder ihn vor Wut aufessen«, meinte Günther.
Wir lachten uns halb schief, was Papas Laune nicht gerade besserte. Aber die Szene war herrlich und schien wirklich einem Stummfilm entnommen zu sein. Abgesehen davon, daß Papas Gezeter relativ lautstark war.
»Haben Sie den Choke gezogen?« fragte Günther schließlich knapp und fachmännisch.
»Natürlich habe ich das«, antwortete Papa verärgert, kletterte in den Wagen, drehte den Schlüssel — und der Motor sprang sofort an.
Günther machte ein zufriedenes Gesicht. Und so schafften wir es tatsächlich noch, halbwegs rechtzeitig zum Stall zurückzukommen. Angie, Sabina und einige andere waren schon in Grünbaums kleiner, gemütlicher Küche zum Frühstück versammelt. Kurz nach uns trudelten auch Annette und ihr Großvater ein. Herr Grünbaum hatte den alten Herrn ebenfalls eingeladen, was wir sehr nett von ihm fanden. Der Großvater wollte uns beim Reiten zuschauen, oben von der Klause aus.
»Im Frühjahr werde ich mich mal wieder auf Salome setzen und durch den Wald bummeln«, versicherte er.
Salome war nicht gerade das ruhigste und sicherste Pferd. Aber im Gelände benahm sie sich recht gut, und glücklicherweise war Annettes Großvater einmal ein recht geschickter Reiter gewesen.
Der Tag verlief dann recht nett und lustig. Jeder von uns durfte ein Verkaufspferd oder eines von Grün-

baums Turnierpferden bewegen, und dann trudelten auch schon die restlichen Kursteilnehmer ein. Wir sattelten jeder das ihm zugeteilte oder das eigene Pferd, fanden uns in der Reithalle ein, formierten dann eine lange Schlange und zockelten gemächlich ins Freie. Die dünne Schneedecke knirschte leise unter den Hufen der Pferde. Die Sonne ließ die schneebedeckten Wiesen und Felder blinken und glitzern und verlieh dem Wald ein geheimnisvolles Aussehen.
»Was für ein wunderschöner Neujahrstag!« Annette machte ihrer Begeisterung Luft. Salome vollführte mehrere begeisterte Sprünge, und auch die anderen Pferde schienen sich über den Ausritt in frischer, klarer Luft zu freuen. Sie hoben die Köpfe, tänzelten ein wenig oder schnaubten voller Ungeduld. Aber natürlich konnten wir nicht einfach die Zügel schießen lassen. Der Boden hätte es wohl erlaubt, war hier draußen recht griffig, aber wir hatten Anfänger in der Abteilung, auf die wir Rücksicht nehmen mußten.
»Wir reiten nur Schritt und ein wenig Trab«, hatte Herr Grünbaum vorher bereits verkündet. »Die Pferde werden ohnehin sehr munter sein; unsere Anfänger könnten sonst die Kontrolle über sie verlieren.«
Also kein scharfer Trab, kein erfrischender Galopp. Auch egal! Alles nicht so wichtig! Seite an Seite mit gleichgesinnten Freunden dahinreiten, über eine glitzernde Schneedecke, tief die klare Winterluft atmend, über sich am zartblauen Himmel eine große gelbliche Wintersonne, unter sich die schwingenden Bewegungen eines Pferdes fühlend – das war der Himmel auf Erden. Einfach dahinbummeln, sich unterhalten, wissen, daß man sich versteht, mit den Freunden, mit seinem Pferd, daß man im Einklang ist mit der Welt, all das Schöne ringsumher zu würdigen und zu genießen weiß – etwas Schöneres konnte es gar nicht geben.
Als Alpenveilchen unter mir plötzlich antrabte, wurde ich aus meinen Gedanken gerissen. Alpenveilchen ist

ein Pferd, auf das man sich konzentrieren muß. Schläft man in ihrem Sattel, bekommt man oft überraschend schnell die Quittung.
Schon trabten wir den gewundenen Feldweg entlang, der nach Rotenkrug führte. Die Pferde genossen es sichtlich, ihre Beine strecken zu dürfen. Sogar Alpenveilchen machte einen recht zufriedenen Eindruck.
»Mensch!« schrie Susan mir zu. »Wenn sie den Trab in einer Dressur zeigen würde!«
Ich ließ die Stute verhalten angaloppieren, blieb im Sattel sitzen, wischte die Bewegungen mit. Alpenveilchen knirschte mit den Zähnen, focht einen kurzen Kampf. Ich verhielt sie, kitzelte sie mit den Sporen, schob sie gegen die verhaltende Hand – und tatsächlich fügte sie sich, ging den schönsten, taktmäßigen, versammelten Galopp, den man sich denken konnte.
»Super!« urteilte Susan.
Die anderen trabten, Alpenveilchen galoppierte hinterher, ruhig, gleichmäßig, nicht gerade vollkommen willig und glücklich, aber immerhin. Erst als wir Rotenkrug erreichten, parierte ich durch.
Unser Besuch bei Bobby fiel nicht allzulange aus. Wir wollten unsere Pferde nicht endlos stehen lassen, und sie zappelten ohnehin recht ungeduldig auf der Stelle. Bobby ging es gut. Er hatte einen Pelz, so dicht wie ein Bär, und begrüßte seine Pferdekameraden mit freudigem Wiehern. Auch die Leckerbissen, die wir ihm ins Maul schoben, fanden seinen Beifall.
Dann wartete im Krug heißer Glühwein auf uns, und wer den nicht mochte, konnte auch Tee trinken.
Innerlich aufgewärmt, von der Freude und vom Wein glühend, bummelten wir gemächlich zurück.
»Das war spitze!« fand Günther und patschte Waldgeist den kräftigen, braunglänzenden Hals.
»Super!« fiel Sabina mit ein.
Ich schielte zu ihr hin. Susans und meine Blicke begegneten sich. Susan kicherte.

»Sabina hat ein Auge auf Günther geworfen«, stellte sie fest.
»Hm, hm. Sie reitet ständig neben ihm.«
»Und er?« Susans Augen blitzten vor Neugier.
»Na, sie ist doch recht nett.«
»Na ja, doch.«
Wir lachten wieder. Annette und Angie, die nebeneinander vor uns her ritten, wandten die Köpfe.
»Was gibt's denn?«
Wir machten heimliche Zeichen, und die beiden verstanden und grinsten nun ebenfalls vor sich hin.
»Albernes Volk!« Herrn Grünbaum war unser Gekicher nicht entgangen. »Wie alt seid ihr eigentlich?«
Daraufhin lachten wir nur noch mehr.
Albern – mag sein. Auf jeden Fall waren wir keine Miesmacher.
Am Stall angekommen, sagte Herr Grünbaum den Plan für den folgenden kurzen Kurs an.
»Reitstunde für die Fortgeschrittenen: jeden Morgen von neun bis halb elf. Danach bis zwölf Uhr Stunden für die Anfänger. Währenddessen haben die Fortgeschrittenen, um die ich mich persönlich kümmern werde, ihre Theorie. Von zwei bis drei abwechselnd Springstunde oder Sitzübungen für alle.«
»Für alle?« Günther machte ein langes Gesicht.
»Für alle«, betonte Herr Grünbaum. »Sitzübungen können auch euch nicht schaden. Und das wär's. Im Frühjahr gibt es dann den richtigen, großen Kurs mit Vorbereitung aufs Reitabzeichen. Hat irgendeiner von euch ein Auge auf irgendein Abzeichen geworfen?«
Angie hob zaghaft die Hand. »Das silberne für Jugendliche. Meine Eltern haben's verlangt.«
Herr Grünbaum murmelte etwas Unverständliches. Dann wanderte sein Blick hinüber zu Susan und mir.
»Und ihr beiden Damen?«
Das silberne? Weshalb eigentlich nicht? Wir schauten uns an und nickten.

Sabina wollte sich am bronzenen Jugendabzeichen versuchen, Fräulein Schimmelpfennig und eine weitere Dame am bronzenen Abzeichen für Erwachsene.
»Falls ich es schaffe«, meinte die Dame.
Herr Grünbaum winkte ab. »Darüber sprechen wir noch, wenn es soweit ist. Jetzt seht erst mal zu, daß ihr euch ordentlich ausschlaft, damit ihr morgen fit seid.«

Als am nächsten Morgen der Wecker rasselte, war ich noch todmüde. Susan ging es nicht anders. Es war erst viertel vor sechs, aber wir hatten uns vorgenommen, wieder bei der Stallarbeit zu helfen. Fragte sich nur, wie wir rechtzeitig am Stall sein sollten. Um halb sieben ging nur während der Schulzeit ein Bus, nicht in den Ferien. Der erste Bus ging um halb acht.
»Zu spät«, entschied Susan. Sie saß auf meinem Bett und wackelte gedankenverloren mit den Zehen.
»Papa können wir nicht noch mal bitten«, entschied ich. »Der hat seinen Schlaf nötig.«
Susan verzog das Gesicht, aber sie widersprach nicht.
Im gleichen Augenblick läutete es unten an der Haustür Sturm.
»Auweia!« meinte Susan, während sie zu einem Spurt ansetzte. »Da werden die Eltern nicht gerade begeistert sein.«
Ich stürzte ihr nach, und wir bemühten uns, das schlaftrunkene Gemurmel unserer Eltern zu überhören. Vor der Haustür stand Günther, bereits in Reithose und Stiefeln, aber offensichtlich noch ungekämmt.
»Morgen! Beeilt euch, meine Mutter hat einen guten Tag, sie fährt uns gleich rüber zum Stall.«
»Und das Frühstück?« wagte ich zu fragen.
Günther winkte ab. »Später,' nach dem Stallmachen. Beeilt euch!« Und er flitzte davon.
Susan schlug krachend die Tür zu. Mitzi rannte hechelnd und bellend die Treppe hinunter, auf der Suche nach den vermeintlichen Einbrechern.

»Beruhige dich!« befahl ich und kraulte sie hinter den Ohren. Susan befand sich wieder auf dem Weg nach oben. Ich rannte ihr nach, und beide wuschen wir uns halbherzig, brachen beim Zähneputzen jeden Rekord und stürzten in unsere Reitsachen. Während Susan schnell einige Leckerbissen für unsere Pferde zusammenpackte, schrieb ich eine kurze Nachricht für unsere Eltern: »Sind im Stall. Bleiben bis abends.«
Das mußte genügen.
Susan verdrehte die Augen. »Überflüssig«, fand sie, quetschte sich in die Stiefel und warf mir meinen Parka zu. Gemeinsam verließen wir das Haus. Günther erwartete uns bereits ungeduldig. Seine Mutter wirkte beneidenswert munter, lächelte uns freundlich zu und lud uns mit einer großartigen Handbewegung ein, es uns in ihrer alten Ente bequem zu machen. Die Ente quietschte furchterregend und ächzte bemitleidenswert. Aber wenigstens sprang sie prompt an und tukkerte brav die Straße entlang. Es war noch dunkel und bitterkalt. Sicher würden wir heute nicht wieder solches Glück mit dem Wetter haben.
»Soll ich euch heute abend abholen?« erkundigte sich Günthers Mutter, bevor sie uns absetzte.
»Das wäre prima!« platzte Susan heraus. Sie kennt keine vornehme Zurückhaltung.
»Ja, danke.« Günther machte ein zufriedenes Gesicht. »Es fährt ja nur selten ein Bus. Mensch, bin ich froh, wenn wir wieder mit dem Rad fahren können. Aber das wäre im Augenblick glatter Selbstmord. Wir haben fast zwanzig Grad Kälte.«
Wir waren früh dran, die ersten. Der Stall war noch geschlossen, aber wir wußten, wo sich ein Reserveschlüssel befand. Günther und ich machten für Susan die Spitzbubenleiter, und so gelang es ihr, den Schlüssel zu erreichen, der sich in einer Lücke zwischen zwei Steinen befand, dort, wo der Mörtel herausgebröckelt war. Wir schlossen die Tür auf, machten Licht. Sofort

sprangen hier und da Pferde auf die Beine, wieherten brummend, traten an die Boxentür und blickten erwartungsvoll auf die Stallgasse. Es war erst halb sieben, an so frühe Futterzeiten waren sie nicht gewöhnt, zumindest nicht im Winter.
Susan blickte uns an. »Wollen wir anfangen?«
»Lieber nicht«, erwiderte Günther. »Aber wir können schon mal den Futterwagen auffüllen und Heu und Stroh runterwerfen.«
Das war ein Vorschlag. Ich war froh, mich bewegen zu können. Erstens wurde mir warm davon, und zweitens gelang es mir während der Arbeit besser, dieses nagende Hungergefühl zu unterdrücken. Wir arbeiteten stumm, natürlich erst, nachdem wir unsere Pferde begrüßt hatten. Alpenveilchen war wieder besonders schlecht gelaunt und biß nach mir, als ich sie streicheln wollte.
»Ich hasse dieses Pferd«, murmelte ich vor mich hin und stürzte mich dann auf meine Arbeit.
In zehn Minuten waren wir fertig. Standen wieder herum, froren. »Ich gehe in die Halle, Hufschlag schippen«, erklärte Günther.
Susan zeigte einen Vogel. »Du spinnst.«
Aber da wir wieder zu frieren begannen, taten wir es ihm nach.
Kurz nach sieben kamen dann die Bereiter, und wir konnten endlich richtig loslegen. Irgendwann trudelte auch Annette ein, nur Angie fehlte. Sie mußte wahrscheinlich zu Hause brave Tochter spielen und ihre guten Manieren beim gemeinsamen Frühstück beweisen.
Unser Frühstück begann zehn nach acht und dauerte zwanzig Minuten. Es war gemütlich, in Grünbaums warmer Küche zu sitzen, Toast und Brötchen zu vertilgen und literweise Tee zu trinken.
Herr Grünbaum hatte sich für den Kurs etwas Neues ausgedacht: Pferdewechsel. So bestimmte er unter anderem, daß während der Dauer des Kurses ich Husar

und Susan Alpenveilchen reiten sollte. Ich war außer mir vor Entzücken, Susan natürlich weniger. Aber sie schluckte nur einmal kräftig und protestierte nicht. Sicher verstand sie, daß ich glücklich war, einmal nicht Alpenveilchen reiten zu müssen.
»Außerdem ist es gut, auch mal ein anderes Pferd zu reiten, sich auf ein unbekanntes Tier einzustellen«, behauptete unser Reitlehrer. Nun, den guten Husar kannte ich zur Genüge! Aber ich war gespannt, wie Susan mit Alpenveilchen zurechtkommen würde. Sie hatte die Stute höchstens dreimal geritten.
»Auch die anderen lassen wir hin und wieder wechseln«, meinte Grünbaum tröstend in Susans Richtung. »Jeder wird mal ein fremdes Pferd unterm – na, sagen wir, unterm Sattel haben. Das wird euch nur guttun, euch allen, wie ihr hier sitzt.«
Dabei warf er uns einen strengen Blick zu, den wir mit dem freundlichsten Grinsen beantworteten.
»Rasselbande!« brummte Herr Grünbaum. »Euch werd' ich's zeigen!« Was er dann auch tat.
Er ließ uns arbeiten, bis uns trotz der Winterkälte der Schweiß ausbrach. Und streng konnte er sein!
»Kleine Vorbereitung auf den Reitabzeichenkurs im Frühjahr«, nannte er das.
Herr Grünbaum hatte es Günther überlassen, sich ein Pferd zu wählen, und Günther hatte sich natürlich für Waldgeist entschieden. Waldgeist war dressurmäßig besser durchgeritten und feinfühliger als Achill. Und Herr Grünbaum legte großen Wert auf gute dressurmäßige Schulung und Durchlässigkeit. Achill konnte zwar enorm springen, war aber etwas dickfellig und bisweilen ziemlich stur im Maul. Man konnte ihm jeden Sprung vorsetzen, er würde einen nie im Stich lassen, er sprang auch für den schwächsten Reiter fast wie von selbst. Doch darauf kam es jetzt nicht an.
»Ich werde euch, wenn wir schon mal springen, keine Klötze hinstellen«, verkündete Herr Grünbaum. »Wir

üben nur etwas Gymnastikspringen. Viel Cavaletti-Arbeit, dann jede Menge In-outs, kleine zweifache und dreifache Kombinationen mit verschieden großen Abständen zwischen den Sprüngen, Trabspringen, enge Wendungen...«

Ich mochte nicht gern »Häuser« springen, obwohl Husar wahrscheinlich auch mit mir im Sattel mit dieser Aufgabe fertig geworden wäre. Aber Gymnastikspringen, das traute ich mir zu. Und Husar erledigte solche Sachen fast von allein. Wie aber würde Susan mit Alpenveilchen zurechtkommen?

Schon während der Dressurstunden machte Susan alles andere als ein glückliches Gesicht. Zugegeben, Husar hielt nicht viel von Schenkelweichen und Schulterherein, von einfachen Wechseln und Hinterhandwendungen, ständigem Tempowechsel und Rückwärtsrichten. Er knirschte dann unwillig mit den Zähnen, schlug öfter mal mit dem Kopf und wehrte sich auch mal gegen eine ganze Parade oder einen verwahrenden oder seitwärtstreibenden Schenkel. Aber er tat es ganz einfach deshalb, weil die Dressur nicht seine Stärke war, sie ihn langweilte, er nur beim Springen voll bei der Sache war.

Er war nicht störrisch oder ungezogen. Er war trotz allem ein verläßlicher Freund, mit dem die ganze Sache Spaß machte.

Alpenveilchen jedoch...

Ich trabte gleichmäßig dahin und sah, wie Susan, die vor mir ritt, der Schweiß ausbrach, sah in jeder Ecke und auf dem Zirkel ihr angestrengtes, rotes Gesicht, hörte sie leise schimpfen. Ich wußte und verstand, was sie durchmachte. Alpenveilchen wehrte sich gegen alles, gegen Paraden, gegen treibende Hilfen, gegen Zügel, Kreuz, Schenkel. Ihre ganze Haltung war ein einziger, stummer Protest gegen das Gerittenwerden. Der stramme Rücken, die knirschenden Zähne, die kurzen, steifen Tritte, die hackende Hinterhand im Galopp.

Schief ging sie, auf zwei Hufschlägen, widerwillig gegen Susans inneren Schenkel, im Genick verworfen.
»Sie klemmt, Susan, merkst du das nicht?« rief Herr Grünbaum. Sie warf Herrn Grünbaum einen verzweifelten Blick zu und tat ihr Bestes. Alpenveilchen grunzte widerwillig und schlug nach dem Sporn, holperte danach im Kreuzgalopp weiter. Dann warf sie den Kopf hoch und riß am Zügel.
»Mehr Kreuz bei der Parade!« rief Herr Grünbaum. Ich versammelte Husar, damit er nicht auf Alpenveilchen auflief, während Susan sich bemühte, die Stute erneut an die Hilfen zu bekommen und neu anzugaloppieren. Husar schüttelte leicht den Kopf, er liebte dieses verkürzte Tempo nicht, aber er begehrte auch nicht auf.
»Brav«, flüsterte ich ihm zu, »brav bist du.«
Seine Ohren zuckten, ich fühlte, wie er zusprang, wie kraftvoll seine Sprünge waren und wie leicht und mühelos ich ihn kontrollieren konnte. Der gute Husar! Und welche Qualen mußte die arme Susan auf Alpenveilchen aushalten! Ich kannte die Stute ja, war nichts anderes bei ihr gewöhnt.
»Bei Miriam geht sie wenigstens etwas besser«, unterbrach Herr Grünbaum da meine Gedanken und ließ uns endlich durchparieren und durcheinanderreiten.
»Ach was«, murmelte ich und tätschelte Husars silberweißen Hals.
»Sagtest du etwas, Miriam?«
»Nein. Doch. Alpenveilchen geht bei mir genauso besch...« Ich verschluckte den Kraftausdruck.
»Sie mag uns einfach nicht«, behauptete Susan.
»Sie mag niemanden«, mischte Annette sich ein.
»Sieh lieber zu, daß deine Salome geradegerichtet bleibt. Wenn du nicht endlich links weicher wirst und dafür die rechte Strippe ordentlich dranläßt, ist die Stute bald so krumm wie eine Banane.«
Wir unterdrückten ein Lachen. Herr Grünbaum machte zwar ein grimmiges Gesicht, aber wir kannten ihn und

wußten, daß er gut gelaunt und eigentlich zu Scherzen aufgelegt war.
»Miriam, mal ehrlich: Hat Alpenveilchen im letzten halben Jahr Fortschritte gemacht?«
»So lange haben wir sie noch nicht«, brummelte ich.
»Na gut, dann eben in den letzten vier Monaten. Hat sie oder hat sie nicht?«
»Nein«, mußte ich widerwillig zugeben. »Sie beherrscht zwar ihre Lektionen, aber ihre Haltung wird immer widerwilliger. Sie ist störrisch im Maul, hält den Rücken fest, und mit der Hinterhand arbeitet sie auch nicht mit.«
»Sie wehrt sich gegen alles«, klagte Susan.
Günther grinste, was Herrn Grünbaum nicht entging. Um die Mundwinkel unseres Reitlehrers zuckte es.
»Wir wollen einmal einen ordentlichen Pferdewechsel vornehmen«, bestimmte er gutgelaunt.
»Aha«, tuschelte Angie, »sein Lieblingsei ist endlich ausgebrütet.«
Günthers Gesicht wurde lang, er ahnte bereits, was er sich mit seinem nicht schadenfroh gemeinten Grinsen eingebrockt hatte. Susan hatte bereits durchpariert und sprang von Alpenveilchen.
»Dem Himmel sei Dank.« Sie seufzte.
»Da siehst du mal, was ich leide«, sagte ich.
»Ich weiß. Dabei hast du dressurmäßig viel mehr Einwirkung als ich. Ich bin eben eine Springreiterin. Aber du, du müßtest sie eher packen können, mit deinem Sitz und deiner Einwirkung.«
»Haha!« machte ich trocken und wurde gleich darauf durch Herrn Grünbaums Räuspern zum Schweigen gebracht.
»Ist jeder mit einem Tausch einverstanden?«
Er blickte in die Runde. Kein Protest erfolgte, gespannte Stille breitete sich aus. Gemütlich in der Bahn auf und ab schreitend, betrachtete der Reitlehrer uns mit gefurchter Stirn.

»Günther«, begann er endlich, »versucht es mit Alpenveilchen.« Das war, was wir alle erwartet und Günther bereits vorausgeahnt hatte.
»Susan reitet Achill. Herr Wendel – Sie können mit Fräulein Schimmelpfennig tauschen. Ebenso tauschen Sabina und Hans-Jörg ihre Pferde.«
Er machte eine Pause, und ich hoffte einige unsinnige Sekunden lang, er würde mich auf Waldgeist setzen, denn ich mochte den kräftigen, willigen Braunen, wünschte ihn mir mit der ganzen Kraft eines Dressurreiters, der sich danach sehnt, ein gutes Dressurpferd unter den Sattel zu bekommen. Was für eine Verschwendung, den Westfalen nur in Springen einzusetzen! Wenn Waldgeist mir gehörte!
Herrn Grünbaums Stimme unterbrach meine Gedanken, gleichzeitig sank mein Mut.
»Angie reitet Waldgeist, Annette nimmt Husar, und für dich, Miriam, bleibt dann Salome.«
Hilfe! dachte ich. Was wird das?
Die kleine Fuchsstute hatte buchstäblich den Teufel im Leib. Sie hielt von Dressur ungefähr soviel wie Alpenveilchen, obwohl sie nicht deren schlechten Charakter hatte. Sie war aufgekratzt, überdreht, heftig, empfindlich im Maul und reagierte übersensibel auf den Schenkel. Annette kannte ihr Pferd und beherrschte es, ritt auf eine leichte, lässige Art, belästigte Salome sowenig wie möglich, so daß die Stute das Gefühl hatte, nur so zum Spaß vor sich hin zu gehen.
Mit gemischten Gefühlen bestieg ich Salome. Ich hatte das Pferd einmal geritten und mich nicht gerade wohl gefühlt. Aber jedes fremde Pferd war eine Herausforderung. Immer wieder kam Spannung auf, stellte man sich die Frage: Wie wird es klappen? Kommst du mit dem Tier zurecht? Verstehen wir uns?
Ich schaute mich um und blickte in lauter gespannte Gesichter. Günther auf Alpenveilchen wirkte mehr verspannt als gespannt, und seine Miene war grimmig.

»Darf ich sie richtig anpacken, wenn es mir zu dumm wird?« wandte er sich an Herrn Grünbaum. Der blickte zu Susan und mir.
Wir tauschten einen Blick, zögerten kurz und nickten dann. »Wenn sie es braucht«, meinte ich gedehnt. »Aber grob sein darfst du nicht.«
Günther schnaubte wie ein Walroß. »Seid ihr mit Zukker und Streicheln etwa weitergekommen?«
»Ach, verdammt!« Ganz plötzlich kämpfte ich mit den Tränen. »Ich weiß, daß man bei dem Biest mit Güte nicht weiterkommt. Aber anders kann ich nicht reiten. Mal zulangen, mal strafen, das muß sein. Aber nur Druck und Gewalt und wieder Strafe — auf der Basis will ich nicht arbeiten. Das ist nichts für mich.«
Ich schwieg. Ich wußte, daß alle mich anstarrten, neugierig, vielleicht auch leicht erstaunt über den plötzlichen Ausbruch, denn Ausbrüche waren sie von mir nicht gewöhnt. Von Susan ja, nicht von mir.
Schließlich räusperte Herr Grünbaum sich und meinte: »Wir werden mal darüber reden. Nach dem Kurs.«
Das war mir nur recht. Ich hatte mich auf den Kurs gefreut und wollte ihn mir durch nichts verderben lassen.
»Wir werden jetzt jeden Tag die Pferde tauschen«, bestimmte Herr Grünbaum. »Das tut euch gut. Ihr müßt keine Angst haben, daß eure Tiere zu hart oder falsch angefaßt werden. Dies zu verhindern bin ich da, und ich werde darauf achten, darauf könnt ihr Gift nehmen. Und jetzt — antraben, jeder für sich, auf langen und leicht gebogenen Linien, im Leichttraben. Versucht, euch mit dem Pferd unter euch vertraut zu machen.
Wir ritten konzentriert, und über dem Bemühen, mich mit Salome zurechtzufinden, vergaß ich Alpenveilchen und den Kummer, den sie mir bereitete.

Für den nächsten Tag hatte Herr Grünbaum sich etwas Neues für uns ausgedacht. Nach einer harten Dressurstunde auf einem fremden Pferd — diesmal hatte ich

Achill erwischt und war mehr als abgekämpft – mußten wir alle unser eigenes Pferd übernehmen. Allerdings ohne Sattel.
»Zur Entspannung«, behauptete Herr Grünbaum nun mit schadenfrohem Grinsen.
Entspannung! Ich habe noch nie so viele Reiter verzweifelt wackeln und hopsen sehen wie an diesem Tag. Ich saß auf Husar, der ja während des Kurses mein Pferd war, und hatte es leicht, die andern zu beobachten, denn Husar ging so gleichmäßig wie ein Uhrwerk, hatte gerade richtig viel Schwung, war dabei sanft und weich wie ein Ruhekissen. Achills Reiter hopste auf und ab, Sabina hing am Hals der Stute, die sie ritt, und Hans-Jörg klammerte sich mit verbissenem Gesicht an die Mähne seines Reittiers.
»Habt ihr denn kein Gleichgewicht?« spottete Herr Grünbaum. »Wehe, einer klammert sich an den Zügel!« drohte er dann.
Wir taten unser Bestes. Günther auf Waldgeist sah recht ordentlich aus, obwohl sein Kopf wackelte und schlangenförmige Bewegungen durch seinen Oberkörper gingen. Annettes Salome wollte nur galoppieren, und Absalon reckte den Hals hoch in die Luft.
»Tja, ohne Martingal«, meinte Herr Grünbaum ironisch. Dann stellte er in der Mitte der Bahn ein niederes Hindernis auf.
»Wer möchte mal?« fragte er und rieb sich die Hände.
»Ich!« Günther galoppierte an, und Waldgeist sprang weich und geschmeidig.
»Ich auch«, verkündete Hans-Jörg todesmutig.
Er sprang aus dem Trab, trennte sich in der Luft leicht vom Pferd, schaffte es aber, irgendwie obenzubleiben. Herr Wendel schloß sich an.
»Und die Damen?« Herr Grünbaum grinste breit. Wir tauschten verlegene Blicke.
»Also los!« rief Angie schließlich. »Ich tu's, und wenn ich stürze.«

Sie polterte auf die Stange zu, und ehe sie sich's versah, war Absalon lässig darübergestiefelt, fast mehr getrabt als gesprungen. Er schnaubte verächtlich.
Nun mochten wir anderen natürlich nicht zurückstehen. Ich betrachtete den Sprung eine Sekunde lang, stellte fest, daß er höchstens sechzig Zentimeter hoch sein konnte, und dachte: Husar macht das schon.
Ich galoppierte an, verbissen zwar und ein wenig unsicher, aber Husar störte das nicht. Als er den Sprung sah, zog er leichtfüßig an, ich ließ sicherheitshalber die Zügel durch die Finger gleiten und machte mich bereit, in die Mähne zu greifen – da waren wir auch schon über dem Hindernis und dann darüber weg. Herrlich war es gewesen!
Ich strahlte und konnte es nicht fassen.
»Jetzt ich«, bestimmte Annette. Salome galoppierte, raste los . . .
»Parade, seid ihr verrückt?« schrie Herr Grünbaum. Ein Riesensatz . . .
»Zügel weg!«
Landung, Bocksprung, Schnauben – Annette wirbelte durch die Luft.
»Uff!« machte sie, landete hart, und in wildem Galopp sprengte Salome davon. Alpenveilchen stieg und wollte hinterher. Susan hing an ihrem Hals, mit verzweifeltem »Brrr!«, rutschte herum, klammerte sich noch eine Sekunde fest und fiel zu Boden, gerade, als Hans-Jörg, der an nichts Böses gedacht hatte, mit zwei ausgelassenen Bocksprüngen von seinem Pferd zu Boden katapultiert wurde. Achill grunzte und tat zwei harmlose Sprünge, die Herrn Wendel jedoch genügten. Halb fiel er, halb sprang er in den weichen Sand der Reitbahn. Auch Sabinas und Angies Pferde wollten sich beteiligen, hüpften fröhlich, scheuten ein bißchen, und ihre Reiterinnen schafften es nicht, sich auf dem bloßen, glatten Pferderücken zu halten. Das alles spielte sich innerhalb von wenigen Sekunden ab. Reiter saßen mit

verdutzter Miene im Sand, reiterlose Pferde genossen ihre plötzliche Freiheit, trabten herum, buckelten halbherzig und schüttelten übermütig die Köpfe.
Husar stand wie festgewachsen und starrte aus seinen großen, dunklen Augen mit wachsender Verwunderung in die Runde. Er spitzte die Ohren, schnaubte, verfolgte seine vierbeinigen Kameraden gespannt und interessiert mit wachsamen Blicken. Aber er tat keinen Mucks. Er war wohl viel zu überrascht, um mitzubukkeln. Ich thronte auf seinem Rücken und versuchte, so schnell wie möglich zu erfassen, was eigentlich geschehen war.
Herr Grünbaum stand wie erstarrt. Endlich blinzelte er, schüttelte heftig den Kopf, blinzelte noch einmal. »Ja, gibt's denn das?« fragte er fassungslos – und lachte los. Es dauerte eine Weile, bis die Pferde eingefangen und die unglücklichen Reiter wieder hochgehievt waren. Günther und ich verfolgten die ganze Aktion mit interessierten Blicken. Herr Grünbaum grinste.
»Wer noch nicht gesprungen ist, darf dies jetzt nachholen.« Er deutete mit einladender Geste auf das kleine Hindernis. »Bitte schön, meine Damen.«
Ich sah, wie Susan seufzte und die Augen verdrehte. »Danke, das muß nicht sein.«
Alpenveilchens Augen blitzen, blitzten boshaft, wie mir schien. Sie war wohl sehr zufrieden mit sich.
»Sagtest du etwas, Susan? Na komm, du kannst als nächste springen.« Herrn Grünbaums Stimme troff geradezu vor Liebenswürdigkeit.
Hinterlistiger Kerl, dachte ich, so kenne ich dich gar nicht. Der »neue« Herr Grünbaum verwunderte und amüsierte mich. Gespannt beobachtete ich, wie Susan Alpenveilchen in Trab brachte und mit Mühe vor den Sprung bekam. Dort blieb die Stute stehen, warf den Kopf auf und lief rückwärts. Ihre Lieblingsrichtung: rückwärts. Herr Grünbaum schnalzte heftig und versuchte, sie voranzutreiben, aber Alpenveilchen

reagierte nur, indem sie ein Bein hob und damit drohte. Susan setzte die Gerte ein, und Alpenveilchen schlug aus. Susan fiel auf ihren Hals vor und schlug sich die Nase an.
»Verdammte Art zu reiten«, knirschte sie, »ohne Sattel.« Es klang, als habe sie den Mund voll Mähne.
»Na los, reit sie draufzu!« befahl Herr Grünbaum.
Susan ordnete die Zügel, korrigierte ihren Sitz, wendete mit einigen Schwierigkeiten und ging die Hürde nun im Galopp an, Gerte am Hals, Sporen einsatzbereit. Alpenveilchen wurde immer langsamer, je näher sie der Stange kam, und brach in letzter Sekunde aus. Susan hing schief, klammerte sich fest, so gut sie konnte. Alpenveilchen wagte einige geschickte Sprünge nach rechts, und Susan glitt links zu Boden. Als sie wieder stand, war sie vor Zorn knallrot im Gesicht.
»Dieses alte Mistvieh!« schimpfte sie.
Herr Grünbaum half ihr beim Aufsitzen. Jetzt grinste er nicht mehr. Dafür konnten wir anderen, obwohl Susan uns – und vor allem mir – herzlich leid tat, ein Lachen nicht mehr unterdrücken.
»Sabina, spring du einmal vor«, bat der Reitlehrer.
Sabinas Gesicht bekam die Farbe von Butterkäse.
»Ich? Oh, bitte nicht«, bat sie erschrocken.
»Mensch, mach schon!« tönte Günther.
Angie und ich tauschten einen Blick.
Wir hatten richtig gedacht. Sabina gab sich einen Ruck. Vor Günther wollte sie wohl nicht als Angsthase dastehen. Ich verstand ihre Bedenken nur zu gut. Ein Sturz war ja nicht das Schlimmste. Was aber, wenn das boshafte Alpenveilchen Sabinas Pferd tatsächlich nachsetzte und dabei vielleicht auf Sabina sprang?
Ich atmete tief durch und ritt nach vorn. »Lassen Sie's mich tun«, bat ich, nachdem ich all meinen Mut zusammengenommen hatte.
Auch Herrn Grünbaum waren wohl in letzter Sekunde Bedenken gekommen, denn er willigte sofort ein.

»Gut. Du wirst sicher oben bleiben«, sagte er.
»Habe ich vor«, erwiderte ich schnoddrig und winkte Susan zu. »Auf geht's!«
Sie schnitt mir eine Grimasse. Gemeinsam nahmen wir Aufstellung. Husar galoppierte aus dem Stand an, willig, eifrig, konzentriert wie immer. Seine schwarzgeränderten Ohren zuckten, ich fühlte, wie er sich ins Zeug legte. Springen, das war die richtige Beschäftigung für ihn. Seine elastischen, raumgreifenden Galoppsprünge nahmen mich gut mit. Aber ich wagte es nicht, mich nach Susan umzudrehen. Husar zog die Hürde an, sprang, ein spielerischer Satz! Bei der Landung schnaubte er, reckte sich, senkte den Kopf zu ein, zwei spielerischen Bocksprüngen, die es mir auszusitzen gelang.
Dann parierte ich, blickte zurück.
Sinnlos zu hoffen, daß Alpenveilchen einem anderen Pferd folgen würde! Da stand sie vor der Stange, den Kopf gesenkt, die Beine in den Boden gestemmt. Und Susan? Wo war Susan? Mein Blick flog ein Stück weiter — und da sah ich Susan sich erheben, sich den Sand von Hose und Pulli klopfen, den kurzen schwarzen Haarschopf schütteln, spucken, sich über Mund und Kinn fahren.
»Pfui Kuckuck«, schimpfte sie, »jetzt reicht's aber! Dreimal ausgestiegen, das reicht für einen Tag.«
Wir lachten. Das Lachen mußte einfach raus, und Susan stimmte sogar mit ein.
»Willst du's noch mal versuchen?« fragte Herr Grünbaum mit mühsam unterdrücktem Grinsen. Seine Gesichtsmuskeln zuckten.
»Gern — und möglichst auf Husar.«
Ich sprang sofort vom Pferd und half Susan hinauf. Herr Grünbaum runzelte zwar die Stirn ob dieser Eigenmächtigkeit — wir hatten ihn ja gar nicht gefragt —, aber dieser Reitkurs sollte in erster Linie Spaß machen, daher schwieg er.

Husar nahm das Hindernis auch für Susan zweimal in prächtiger Manier.
»Mein Goldstück!« Sie seufzte glücklich und umarmte unseren guten Dicken.
Und dann saß mit einemmal Herr Grünbaum persönlich auf Alpenveilchen. Das Gesicht der Stute hatte bereits einen triumphierenden Ausdruck angenommen, der jetzt in Windeseile verschwand und einer übellaunigen, widerwilligen Miene Platz machte. Die Nüstern verengten sich zu schmalen Schlitzen, die Ohren zuckten nach hinten, unruhig peitschte der Schweif ihre runden Hinterbacken.
»So, Alte, jetzt reicht's!« sagte Herr Grünbaum leise und drohend.
Wir standen starr und folgten den beiden mit neugierigen, gespannten Blicken.
Wenn Herr Grünbaum Druck machte, hatte es viel mehr Wirkung, als wenn Susan oder ich es versuchten. Alpenveilchen spürte den unerbittlich vorwärts treibenden Schenkel, das massive, zwingende Kreuz, die feinfühlige, aber fest zupackende Hand. Sie wehrte sich, katzbuckelte, versuchte seitwärts zu steppen, probierte erfolglos ihren Rückwärtstrick. Herr Grünbaum war energisch — und war stärker.
»Ich habe gehört, daß er einmal mit seinem Schenkel einem Pferd die Luft abgedrückt hat«, flüsterte Annette uns respektvoll zu.
Wir schwiegen und schauten fasziniert zu. Alpenveilchen atmete mit leisem Grunzen aus. An ihren Schultern und Flanken erschienen große Schweißflecke, obwohl Herr Grünbaum gar nichts von ihr verlangte. Er war nicht einmal grob. Er setzte nur seine ganze Kraft ein, nicht mit Knüffen und Stößen, Sporenstichen und Reißen im Maul: Beine zu, ganz fest zu, und vorne leicht gegenhalten.
Alpenveilchen stöhnte und senkte den Kopf. Sie zuckte mit den Ohren, rollte die Augen. Ihre Flanken bebten.

Plötzlich, ohne daß man irgendeine besondere Hilfe sehen konnte, sprang sie im Galopp vorwärts. Herr Grünbaum saß wie angewachsen. Zwischen seinen Schenkeln und dem Pferdekörper hätte keine Fliege mehr durchgepaßt. Zuerst hakten Alpenveilchens Hinterbeine noch, dann, auf einmal, wirkten die Sprünge weicher, fließender, verschwand die angespannte Linie des Unterhalses, und Speichel tropfte aus ihrem geschlossenen Maul.

»Mein Gott, sie kaut!« hauchte ich fasziniert. »Wie macht er das bloß?«

Volte im Galopp, kurz kickte Alpenveilchen nach dem verwahrenden Schenkel, verwarf sich im Genick, dann lief sie weiter, gleichmäßig wie ein Uhrwerk.

Als Herr Grünbaum sie aus heiterem Himmel auf den Sprung zulenkte, sprang sie ihn, als wäre er gar nicht vorhanden, ging bei der Landung kurz gegen die Hand, ächzte dann leicht und fügte sich sofort wieder, stand erneut an den Reiterhilfen. Mit federleichter Hand parierte Herr Grünbaum durch zum Stand.

Alpenveilchen stand ruhig auf allen vier Füßen, auf dem Gebiß kauend und in gleichmäßiger Anlehnung.

Herr Grünbaum sprang zu Boden und reichte mir wortlos die Zügel.

»Trockenreiten«, befahl er nur, ruhig und beiläufig, »aber nicht zu lange. Dann in den Stall bringen und eindecken. Es ist kalt.«

Damit stiefelte er aus der Bahn.

Wir blickten einander sekundenlang schweigend an, ehrfürchtig beinahe, und begannen dann, noch immer ohne zu sprechen, unsere Pferde am langen Zügel um die Bahn zu reiten. Sie reckten und streckten sich zufrieden und schnaubten hin und wieder leise. Ich führte das stark schwitzende Alpenveilchen nur wenige Runden. Ich wollte nicht, daß sie sich in der kalten, feuchten Luft erkältete. Sie folgte mir mit ruhigen Schritten, sichtlich mitgenommen und verwirrt, weil

sie es nicht fassen konnte, daß sie heute ihren Meister gefunden hatte.
Nach wenigen Minuten brachte ich sie in den wärmeren Stall, nahm ihr die Trense ab, deckte sie ein, entfernte die Bandagen, gab ihr eine Mohrrübe. Ich war gerade dabei, die Bandagen aufzurollen, als Susan Husar in die Box stellte.
»Hast du das gesehen?« Ihre Augen blitzten mich an. »War es nicht gigantisch?«
Ich nickte stumm.
Susan lehnte sich an Alpenveilchens Tür.
»Sie muß von einem ähnlich starken Reiter eingeritten und ausgebildet worden sein. Sie kann ja etwas, aber sie tut es nur für einen guten Reiter.«
»Ein guter Reiter genügt nicht«, wandte ich ein, »es muß schon ein sehr guter Reiter sein. Denn sie ist sehr, sehr schwierig.«
Susan schaute nachdenklich vor sich hin. »Du reitest gut«, meinte sie langsam, »aber für Alpenveilchen reicht es nicht.«
»Es wird nie für sie reichen«, bekannte ich.
Wir seufzten und wußten nicht, was wir noch sagen sollten. Nach und nach brachten auch die andern ihre Pferde in den Stall. Sabina strahlte erleichtert, weil Herr Grünbaum ganz vergessen hatte, sie noch springen zu lassen. Aber das war Nebensache, jedenfalls für uns. Angie, Annette und Günther bestürmten uns mit Fragen und aufgeregten Kommentaren.
»Sie ging bombig«, fanden sie, und: »Mit Grünbaum müßte sie jede Dressur gewinnen.«
»Aber du, Miriam«, wollte Annette wissen, »was wirst du tun? Ob du sie jemals so reiten kannst?«
»Nie!« sagte ich überzeugt.
»Aber sie ist gut! Sie kann etwas. Das hätte ich nie für möglich gehalten.«
Ich wandte mich ab, mit einemmal traurig, mutlos und verzagt. Das war ja das Schlimmste: zu wissen, daß das

Pferd alles konnte, aber eben nur bereit war, es für einen sehr starken, guten Reiter zu tun.
Wir sollten sie hergeben, dachte ich, es wäre das beste. Sie ist ein Biest, nach wie vor, sie wird nie zutraulich und freundlich sein. Sie kennt tausend Tricks und ist immer auf Abwehr bedacht. Ein Zweimetermann mit Eisenschenkeln, der kann sie beherrschen, den würde sie anerkennen. Aber nicht liebhaben. Selbst wenn ich Eisenschenkel hätte — das allein würde nicht genügen. Ich will ein Pferd, das mich mag und mir vertraut. Kein Alpenveilchen.
Ich seufzte tief und fing mit der Zunge eine heimliche Träne auf, die mir übers Gesicht kullerte. Die andern merkten nichts davon, und das war gut so.

Abends berichtete Susan aufgeregt von Herrn Grünbaums Meisterleistung. Sie sprudelte die Worte nur so hervor, wild durcheinander ging es, ihre Gedanken schlugen Haken und machten die ganze Geschichte so konfus, wie Susans Erzählungen meistens sind.
Mama und Papa lauschten interessiert und versuchten, Susans Schilderungen zu folgen. Sie hatten allmählich Übung darin, Verworrenes zu entwirren, waren ja von ihr und auch den Schülern einiges gewöhnt. Mama fütterte Mitzi ununterbrochen, ohne es richtig zu bemerken, und Papa entging vollkommen, daß Pedro seine Krallen an seinen neuen Schuhen wetzte. Beide waren fasziniert.
»Sie ist also doch ein gutes Pferd«, stellte Mama beglückt fest. »Oh, Miriam, wie schön!«
Ich schnitt eine verzweifelte Grimasse.
»So hat sie den Hals gebogen und gekaut. Und dann hat Herr Grünbaum ... Er kann das ja phantastisch, wißt ihr, ich habe doch vorhin schon erzählt, und wahrscheinlich habt ihr es auch mal beobachtet, wenn ihr ihn reiten saht — am Turnier, oder wann wart ihr das letztemal im Stall? Mama, du bringst doch öfter

mal Futter — übrigens, Husar ist so fett, gib ihm doch nicht so viel zu fressen, wenigstens im Frühjahr nicht mehr, wenn die Turniersaison beginnt, da soll er nicht so dick sein. Alpenveilchen auch nicht — ach ja, vielleicht geht sie doch mal ganz ordentlich ...«
Susan plapperte mit vor Aufregung glühenden Wangen, und wir strengten uns an, ihren Gedankensprüngen zu folgen.
Ist sie sieben oder siebzehn? schoß es mir kurz durch den Sinn. Aber ich liebte Susan zu sehr, um sie ernsthaft zu kritisieren. Susan berichtete gestikulierend, und ich zersäbelte mein kaltes Schnitzel und weichte es in Tomatenpüree ein.
»Sie wird etwas«, brummte Papa, »wußte ich doch von Anfang an.«
Da erwischte Pedro statt der Schuhe Papas Knöchel, und Papa schrie auf, erschrocken und erbost. »Du hinterlistiger, kleiner, schwarzer Satan!« schrie er, scheuchte einen fauchenden Pedro davon und untersuchte wehleidig seinen Knöchel, den einige Schrammen zierten. »Schau nur«, klagte er zu Mama gewandt, »was er getan hat!«
Mama warf Mitzi eine weitere Scheibe Wurst zu, die die Dackelhündin, voll bis an die Nasenlöcher, nur mit mühsamem Stöhnen verschlang.
»Sie hat genug«, rügte Susan, ihre Erzählung unterbrechend.
»Mein Knöchel!« jammerte Papa.
»Erzähl doch weiter, Susan«, forderte Mama.
»Mist!« sagte ich, als das Tomatenschnitzel auf meine frische Hose fiel.
»Mein Knöchel tut weh«, wiederholte Papa, der endlich bemitleidet werden wollte.
Mitzi sank ächzend in sich zusammen und japste, so satt war sie.
»Was hat sie denn?« wunderte Mama sich und beugte sich über die Hundedame.

»Überfüttert ist sie. Genau wie die Pferde. Mama, du mußt endlich ...«, begann Susan von neuem.
»Mein Knöchel!« meldete Papa sich zornig und tief beleidigt. »Schaut doch, mein Knöchel – dieser schwarze, heimtückische Satan!«
Ich stand auf und ging.
Manchmal finde ich meine Familie chaotisch.

Am nächsten Tag wollte Herr Grünbaum uns quälen. Sicher wollte er das. Er hieß uns, die Pferde mit Schlaufzügel tief eingestellt auszubinden und am langen Zügel abzureiten. »Nur ganze Bahn und große Zirkel«, befahl er. »Keine engen Wendungen. Dabei zieht ihr euch ja doch alle fest. Heute sollen die Tiere einmal von Folterfäusten verschont bleiben.«
Wir gehorchten, obwohl wir den Ausdruck Folterfäuste schon recht stark fanden. Herr Grünbaum schmunzelte die ganze Zeit vor sich hin, so als freue er sich auf die Stunde. Er legte Schritt- und Trabstangen und ließ uns daran mit den Pferden arbeiten.
Ein wenig Galopp folgte.
»Seht ihr«, sagte er, »wie zufrieden sie gehen? Weil ihr sie nicht stört.«
»Er muß viel von uns halten«, hörte ich Angie Annette zuraunen. Die nickte.
»Und jetzt dürft ihr die Zügel verknoten und die Bügel überlegen«, ordnete Herr Grünbaum an. Während wir seinen Anordnungen Folge leisteten, schleppte er die Cavalettis auf den Hufschlag, an jeder langen Seite sechs im Trababstand, die einen für normalen Arbeitstrab – aber die andern sahen bedenklich nach erweiterten Abständen aus.
»Nur zu«, rief er, »einer nach dem anderen!«
Zulegen an der zweiten langen Seite – na ja, noch erträglich. Wir schwitzten und taten unser Bestes. Die Pferde wirkten zufrieden, sogar Alpenveilchen schaute nicht ganz so zerknittert drein wie sonst.

Plötzlich waren die Trabstangen verschwunden. Herr Grünbaum winkte uns heran.
»Jetzt nehmen wir Achill und — ja, den Sonnenkönig an die Longe. Susan, du den Sonnenkönig. Ausgebunden lassen. Wer möchte beginnen?«
»Womit?« fragte sie verwirrt.
Grünbaum lächelte. »Sitzübungen«, teilte er uns mit. Er winkte einigen Mädchen, Reitschülerinnen, Anfängerinnen, die uns zuschauten, heimlich seufzten und sich wünschten, schon ebensoweit zu sein wie wir.
»Longen und Longierpeitschen für zwei, bitte!«
Die Kleinen flitzten davon.
Dann durften zwei die Pferde derjenigen im Schritt spazierenreiten, die gerade an der Longe ihre Übungen absolvierten. Ohne Zügel und Bügel, versteht sich. Und das auf Sonnenkönig und Achill! Die beiden warfen, oh, wie sie den Reiter warfen! Riesentritte, schwungvoll, schwer zu sitzen.
Herr Grünbaum schnalzte mit der Zunge. Mitteltrab. Nein, das war Quälerei! Ich sah die anderen hopsen und mit dem Gesäß klappern. Mir würde es kaum besser ergehen. »Da seht ihr«, belehrte Herr Grünbaum uns, »wie wichtig ein geschmeidiger, fester Sitz ist. Glaubt nicht, schlecht zu sein, nur weil ihr jetzt beinahe abhebt. Viel zu viele Reiter benutzen den Zügel als Notleine in den Verstärkungen.«
Der Reihe nach ließen wir uns durchschütteln und stellten mit Entsetzen fest, daß keiner von uns, absolut keiner, es schaffte, auch in der Verstärkung wie angegossen zu sitzen. Wir durften wieder auf unsere eigenen Pferde und mußten mit ihnen die Verstärkungen üben, noch immer ohne Bügel und Zügel, nur mit Kreuz und Schenkel entwickeln, nur mit dem Sitz am Sattel haften, ruhig und unabhängig von der Hand.
Das war schwer! Aber es brachte etwas und zeigte einem gleichzeitig wieder einmal, wie viel man noch zu lernen hatte.

Am Nachmittag machten wir Gymnastikspringen ohne Bügel, und am nächsten Tag Springen an der Longe ohne Bügel und Zügel. Dann folgte eine Stunde mit Pferdewechsel.
So ging der kurze Kurs allmählich dem Ende zu. Anstrengend war er gewesen, aber lehrreich, unterhaltsam und oft sehr lustig.
Am letzten Tag bereiteten wir für Herrn Grünbaum eine kleine Überraschung vor.
Sabina schlich sich ganz unschuldig an ihn heran.
»Herr Grünbaum, ich habe solche Kopfschmerzen. Dürfte ich eine Tablette aus ihrer Apotheke haben?«
»Natürlich. Hier ist mein Wohnungsschlüssel. Kennst du dich aus?«
»Annette kommt mit und zeigt mir den Arzneischrank. Vielen Dank, Herr Grünbaum.«
»Nichts zu danken. Hoffentlich sind deine Kopfschmerzen bald verschwunden.«
Es hatte geklappt! Sabina und Annette schossen davon, während wir anderen ganz harmlos im Stall herumlungerten und Herrn Grünbaum ablenkten und beschäftigten. Die Pferde bekamen ihre Mittagsmahlzeit, und dann ...
»Wo nur Sabina bleibt?« fragte Susan und wunderte sich scheinbar über das lange Ausbleiben der Freundin. »Wir sollten mal nach ihr sehen.«
»Finde ich auch«, schloß Hans-Jörg sich an. Wir nickten alle in schönster Eintracht.
»Ich wollte sowieso hinübergehen. Kommt ihr mit? Alle?« Unser Reitlehrer schien leicht verwundert.
Im Gänsemarsch trabten wir zu seiner Wohnung gleich neben der Reiterklause.
»Hoffentlich sind sie fertig«, tuschelte Angie.
Sabina und Annette hatten gemeinsam zu Mittag gekocht, Annette für uns als Nachtisch einen wundervollen Kuchen gezaubert, Apfel mit Streuseln auf dem Blech. Er war noch im Ofen, aber Sabinas Tomaten-

Paprika-Reis mit Fleisch und Pilzen war gerade fertig geworden. Der Tisch war auch schon gedeckt.
»Auf die Minute genau«, stellte Günther zufrieden fest.
»Außerdem knurrt mir der Magen.«
Herr Grünbaum war überwältigt. Damit hatte er nicht gerechnet. Ein Essen ihm zu Ehren, von seinen Reitschülern heimlich für ihn geplant und vorbereitet.
»Ihr seid ja toll!« fand er und mußte sich setzen.
Wir plapperten und lachten durcheinander, froh, daß die Überraschung gelungen und Herr Grünbaum wirklich begeistert war.
Sabine trug mit glühendroten Backen das Essen auf.
»Hoffentlich schmeckt's!« wünschte sie.
Annette holte ihren Kuchen aus dem Ofen und gesellte sich zu uns. Dichtgedrängt saßen wir um den Tisch. Die Ellenbogen stießen aneinander, aber wir waren in prächtiger Stimmung. Gemeinsam hatten wir geplant, eingekauft und vorbereitet. Sabina und Annette, die beiden an Herd und Ofen so tüchtigen, talentierten Reitermädchen, hatten dabei die Hauptarbeit geleistet.
Herr Grünbaum strahlte und langte mit Appetit zu.
»Wunderbar!« erklärte er immer wieder, und wir konnten ihm nur zustimmen.
Annettes Kuchen war ein Gedicht. Ofenwarm noch, mit Puderzucker und Zimt, knusprigen Streuseln und duftenden, köstlichen Äpfeln – wir bedienten uns, bis auch das letzte Stück verschwunden war. Dann saßen wir, bevor wir spülten und aufräumten, noch lange zusammen und erzählten und lachten und feierten so das Ende unseres vergnüglichen Reitkurses.

Viel Arbeit – noch mehr Ärger

»Ja, Frau Doktor Dosse, natürlich.«
»Ich hoffe, wir haben uns verstanden, Miriam.«
»Ja, bestimmt.«
»Dann setz dich. Und laß dir meine Worte durch den Kopf gehen.«
»Ja, ja.«
Ich setzte mich, mißmutig und verdrossen. So eine Gemeinheit, mich schon wieder abzuhören. Erst vor einer Woche war ich dran gewesen, und Sozialkunde konnte ich sowieso nicht ausstehen. Nichts war langweiliger, fand ich. Dann schon lieber Chemie mit interessanten Versuchen, bei denen es knallte oder stank. Oder Mathe – unser Lehrer war einfach ein Schatz, groß und dick, mit semmelblonden Haaren und freundlichen braunen Teddybäraugen.
Mathe war die nächste Stunde. Davor lagen noch fünfunddreißig Minuten Sozialkunde und die Pause. Da wollten Susan, Angie und ich uns über das Reitabzeichen unterhalten. Anfang April, nach zehntägigem Vorbereitungskurs, sollte die Prüfung stattfinden. Also in sechs Wochen. Das war nicht mehr so lange. Und Alpenveilchen benahm sich schlechter denn je! Auf ihr konnte ich unmöglich die Dressur . . .
»Miriam! Was gibt es denn draußen Interessantes? Ich dachte, ich hätte dir eben klargemacht, daß es dir guttäte, dich mehr auf den Unterricht zu konzentrieren.«
Frau Doktor Dosses eiskalte Augen musterten mich durch ihre topmodische Brille. Ich konnte diese bonbonrosa umrandete Brille nicht ausstehen, ebensowenig wie den dick aufgetragenen blauen Lidschatten und die blondierten, hoch aufgetürmten Haare der Lehrerin. Und dann die Fingernägel! Sie sahen aus, lang und knallrosa bemalt, als würde diese Frau nie etwas arbeiten. Vielleicht waren es künstliche Nägel. So lang konnten echte doch niemals werden.

Der wünsche ich, mal den ganzen Stall allein ausmisten zu müssen, dachte ich wütend.
»Hast du verstanden?« fragte Frau Dr. Dosse scharf. Ich starrte sie an. »Ja, ja«, beeilte ich mich zu versichern, obwohl ich gar nicht zugehört hatte.
»Dann erzähl uns doch bitte etwas über das deutsche Wahlrecht.«
Schon wieder ich! empörte ich mich.
»Gibt's darauf eine Note?« fragte ich spitz.
Frau Dr. Dosses Gesichtszüge verhärteten sich. »Eine Fünf am Tag genügt dir wohl nicht?«
Ich blickte sie feindselig an und schwieg.
»Nun?«
»Ich dachte, Sie hätten bereits festgestellt, daß ich den Stoff nicht beherrsche«, antwortete ich aggressiv. Dabei staunte ich über mich selbst. So viel Mut hatte ich mir gar nicht zugetraut. Eine ähnliche Antwort würde besser zu Susan passen als zu mir.
In der Klasse kicherte es unterdrückt. Frau Dr. Dosse blitzte mich an. »Deine Frechheiten verbitte ich mir«, sagte sie schneidend. »Und ich verlange, daß du künftig besser vorbereitet bist. Ich habe schon von einigen Kollegen gehört, daß du oft jämmerlich schlecht vorbereitet in den Unterricht kommst und deine Hausaufgaben höchst selten ordentlich erledigt hast.«
Stimmt genau, dachte ich, und trotzdem sind meine Noten immer ganz gut. Aber ich schwieg und zog es vor, über Alpenveilchen nachzugrübeln.

In der Pause beschwerte Susan sich über ihren langhaarigen, ausgeflippten Erdkundelehrer.
»Ich denke, er gibt gute Noten«, meinte ich. »Bisher war dir sein Äußeres egal.«
»Egal nicht«, wandte Susan ein. »Gute Noten versöhnen einen natürlich mit seinem Erscheinungsbild. Aber jetzt fängt er an, streng zu werden. Heute hat er dem langen Edwin eine Sechs gegeben, weil der nichts

wußte. Früher hat er nie abgehört und keine schlechten Noten verteilt.«
»Stimmt«, bekräftigte Angie.
Wir beobachteten Günther, der in einer Ecke stand und irgendwelche Aufgaben abschrieb.
»Ach, du Schreck!« Ich griff Susan beim Arm. »Die Dosse hat Aufsicht!«
»Na und?«
»Seht ihr nicht? Sie hat Günther entdeckt.«
»Autsch!« machte Angie ängstlich.
»Ich warne ihn«, beschloß ich und spurtete los, erreichte Günther vor der Lehrerin und zischte ihm zu: »Dosse im Anmarsch!«
Er klappte sein Heft zu, ich nahm das zweite an mich. Schon stand Frau Dr. Dosse vor uns, hochgewachsen, mit ihrem üblichen kühlen Gesichtsausdruck.
»Was tut ihr hier?« fragte sie streng.
»Lernen«, behauptete ich, klappte das Heft auf und stierte hinein.
»Darf ich mal sehen?« Sie streckte die Hand aus.
Ich versteckte das Heft auf dem Rücken, nahm meinen ganzen Mut zusammen und sah sie herausfordernd an.
»Was fällt dir ein! Zeig das Heft her!«
»Es ist nicht Sozialkunde. Nicht Ihr Fach. Entschuldigen Sie bitte, ich muß dringend auf die Toilette.«
Damit rannte ich davon, wohl wissend, daß dieser kleine Auftritt Folgen für mich haben würde. Aber Frau Dr. Dosse konnte weder mir noch Günther etwas nachweisen, und das war die Hauptsache. Am Ende der Pause steckte ich Günther das Heft wieder zu.
»Danke«, raunte er mir zu.
Dann begann unsere Mathestunde bei Herrn Würz, genannt Teddybär.

Ach, diese Schule! Nichts als Ärger und Hausaufgaben. Eine lästige Sache. Ich lernte Bio und Erdkunde und Geschichte, rechnete manchmal halbherzig an

meinen Algebra-Aufgaben herum, mühte mich mit deutschen Gedichten und Shakespeare im Original ab, und wenn ich besonders gut gelaunt war, erledigte ich sogar manchmal eine französische Übersetzung. Meistens allerdings beschränkten sich meine Versuche, die Hausaufgaben halbwegs zu bewältigen, auf schnelles Abschreiben und Lernen zwischen den einzelnen Stunden. Ab und zu gingen Beschwerden über mich ein, die Papa auf die Palme brachten. Aber da ich nie eine wirklich schlechte Note im Zeugnis hatte — höchstens mal eine Vier in Sozialkunde oder Physik —, war der Hausfrieden stets wieder schnell hergestellt.
Kurz vor den Osterferien trudelte mal wieder ein blauer Brief für Susan ein, aber solche Briefe gehörten bereits zum Alltag und konnten Susan nicht aus der Ruhe bringen. Papa dafür um so mehr.
»Ein blauer Brief in Religion!« tobte er. »Wie kann man in Religion einen blauen Brief bekommen?«
»Weiß ich doch nicht«, erwiderte Susan beleidigt. »Die Müller muß verrückt sein.«
»Von drei auf fünf — das gibt's doch nicht!« ereiferte Papa sich und wedelte wild mit dem unseligen Schrieb vor Susans Nase herum.
Susan fuhr unbeeindruckt fort, sich ihre Fingernägel zu schneiden.
»Doch nicht auf den Teppich!« rügte Mama.
»Wieso? Ich muß doch staubsaugen, nicht du«, antwortete Susan gelassen.
»Ruhe!« befahl Papa ungehalten. Mitzi floh mit eingekniffenem Schwanz unter den Eßzimmertisch. »Susan! Ich rede mit dir!«
»Ich weiß, Papa. Sprich nur weiter«, forderte Susan ihn freundlich auf.
Papa war am Ende mit den Nerven. Er mußte sich setzen, lockerte erschöpft den Knoten seiner Krawatte.
»Wirklich, Susan, weshalb bist du so faul?« fragte nun auch Mama.

»Aber, Mama — ist doch nur Religion.« Susan lächelte zuckersüß.
»Ich weiß, aber das ist auch ein Fach. Und du wackelst doch sowieso jedes Jahr in Mathe und Physik.«
»Damit schrumpft dein Punktekonto jedenfalls auf Null!« schnaubte Papa und starrte wütend auf den blauen Brief. »Und außerdem wirst du bis auf weiteres jedes Wochenende im Garten helfen — und während der Ferien jeden Tag staubsaugen.«
Susans große Augen wurden noch größer. Kein Zweifel, sie fühlte sich ungerecht behandelt. Aber selbst Mama schwieg, ergriff diesmal nicht ihre Partei.
»Na?« Papas Stimme klang triumphierend.
Susan schnitt eine Grimasse. »Ach, so 'n Schrott!« motzte sie, pfefferte die Nagelschere in eine Ecke und stelzte auf langen, in enge Jeans gezwängten Beinen aus dem Zimmer. Ich rannte ihr nach, nicht ohne unseren Eltern einen anklagenden Blick zuzuwerfen.
»Ich helfe dir, Susan, Ehrensache.«
Susan machte eine wegwerfende Handbewegung. Sie sah die ganze Sache nicht so eng.

Wenige Tage später begannen die Ferien. Ostern lag früh in diesem Jahr. Und in zwei Tagen würde der Vorbereitungskurs fürs Abzeichen beginnen. Allerdings hatte Papa dafür gesorgt, daß wir gerade in diesen Ferien allerlei zu tun hatten. Er hatte sich in den Kopf gesetzt, Wohn- und Eßzimmer neu zu tapezieren, und zwar noch vor Ostern. Wir mußten helfen, die beiden Zimmer auszuräumen und die alten Tapeten von der Wand zu kratzen. Wir hielten uns tüchtig ran, um diese Arbeit bis zum Beginn des Kurses hinter uns zu haben. Die Tapeten im Eßzimmer ließen sich kaum lösen, nicht einmal mit Wasser. Wir standen und kratzten und schwitzten, es ging auf Abend zu, unsere Pferde warteten bereits auf uns. Wir waren müde und erhitzt, dreckig und verklebt, hatten abgestoßene Fingernägel.

An unseren Kleidern und Schuhen klebten winzige Papierschnitzelchen.
»Pfui Teufel, so eine Schweinerei!« schimpfte Susan und betrachtete angeekelt ihre Hände.
»Ja, widerlich!« pflichtete ich bei.
»Morgen tapezieren wir«, meldete Papa fröhlich.
Mama seufzte und fuhr fort, Tapetenstreifen und -fitzelchen in einen Sack zu sammeln.
»Aber ohne uns!« verkündete Susan prompt.
Papa, der wie gewöhnlich mehr die Aufsicht führte, als irgend etwas selbst zu tun, ließ die Brauen hochschnellen. »Wie darf ich das verstehen?«
»Morgen fängt der Kurs an«, erläuterte Susan. »Und da müssen wir mitreiten.«
Papa nagte an seiner Unterlippe. »Und wo bleibe ich? Ich wollte während der Ferien öfter mal ausreiten.«
»Ach, sei doch nicht so selbstsüchtig«, rügte Mama sofort. Sie war ja schon zufrieden, wenn sie nur ordentlich streicheln und füttern konnte. »Die Kinder trainieren fürs silberne Abzeichen, das ist wichtiger. Ihr werdet hart trainieren, nicht wahr, da müssen wir bestimmt etwas zufüttern.«
»Bloß nicht!« schrie Susan und schwenkte drohend den Spachtel, mit dem sie Tapeten abgekratzt hatte.
Gleichzeitig wandte ich mich an Papa. »Du kannst gern jeden Tag Alpenveilchen reiten. Ich bekomme von Herrn Grünbaum ein anderes Pferd für die Dressur.«
»Wieso das denn?« fragte Mama fassungslos.
Papa straffte die Schultern. »Du hast Alpenveilchen doch eigens für die Dressur bekommen. Und jetzt willst du sie nicht reiten?«
»Ach, Papa, sie ist unmöglich. Das solltet ihr doch mittlerweile wissen.«
»Ich denke, sie kann gehen? Damals, unter Herrn Grünbaum . . .«
»Miriam ist nicht Herr Grünbaum«, unterbrach Susan verärgert. »Wieso versteht ihr das nur nicht?«

Nicht einmal Mama versicherte mehr, Alpenveilchen reizend zu finden. Die Stute hatte ihr nämlich mittlerweile mehrfach unmißverständlich klargemacht, daß man sie mit Streicheleinheiten und Leckereien nicht einwickeln und für sich gewinnen konnte.
Inzwischen hatte Susan eifrig weitergeplappert. »Herr Grünbaum meinte, Miriam und ich könnten beide Husar springen. Zweimal einen L-Parcours, so einen harmlosen, mit Minimumsprüngen und Minimumhöhe, das steckt der Dicke locker weg. Ich springe zuerst, damit er die Hindernisse kennt, dann hopst er für Miriam ganz von allein. Na, aber Dressur können wir mit ihm schlecht gehen, ihr wißt ja, also bekomme nicht nur ich ein Pferd für die Dressur, sondern auch Miriam. Alpenveilchen zu reiten wäre ein zu großes Risiko. Wir wollen ja ordentlich abschneiden.«
»Arbeite weiter, damit wir fertig werden«, schnitt Papa Susan das Wort ab.
Susan ließ sich wie gewöhnlich nicht beirren. »Und so sind wir zu Waldteufel gekommen. Kennt ihr den Hannoveraner, schwarzbraun, mittelgroß, schicker Typ, aber nicht zu leicht. Wir sollen ihn während des Kurses abwechselnd reiten. Und über Mittag machen wir Theorie, damit wir richtig fit sind. Oh, und Angie darf Herrn Wendels Waldgeist für die Dressur haben. Ihr Absalon ist da nicht ganz das Wahre. Wenn nur Angies Eltern mitmachen! Die haben sich in den Kopf gesetzt, daß Angie nur Absalon reiten darf.«
Wir lauschten und nickten. Susan konnte man nicht unterbrechen, wenn sie einmal am Reden war. Sie erzählte, schwang den Spachtel und stapfte in dem Berg von Tapetenschnipseln herum, den Mama bereits mühsam zusammengefegt hatte. Pedro spielte mit einer neuen Tapetenrolle, wetzte daran seine Krallen, bis Papa ihn dabei erwischte, ihn wutschnaubend beim Kragen packte und hinausbeförderte. »Wochenlang sieht man ihn kaum, und dann kommt er und stif-

tet Unruhe«, stellte Papa verärgert fest. Ich glaube, er liebte Pedro nicht besonders, und dieses Gefühl mußte wohl auf Gegenseitigkeit beruhen.
Wir waren gerade dabei, die letzten Reste von der Wand zu schaben, als es an der Haustür läutete.
»Wer mag das sein?« Papa verließ seinen Posten, von dem aus er uns überwacht und kommandiert hatte. Er stiefelte zur Tür, öffnete sie wohl, wie es seine Gewohnheit war, erst mal einen Spaltbreit und schielte hinaus. In zwei Sekunden war er zurück.
»Es ist die Färber-Tochter«, flüsterte er Mama zu.
Mama richtete sich auf, streckte sich. »Was will die denn hier?« fragte sie gedehnt.
»Keine Ahnung. Soll ich sie reinlassen?«
Mama seufzte. »Das wirst du müssen. Sind ihre gräßlichen Fratzen dabei, diese Zwillinge?«
»Nein, sie ist allein.«
Papa mußte wohl vergessen haben, die Tür wieder zu schließen, denn bei seinen letzten Worten tauchte die Tochter von Färbers plötzlich im Türrahmen zum Eßzimmer auf. Da stand sie, neben dem Papierstreifen-Sack, und starrte neugierig ins Zimmer.
»Guten Abend, Frau Schindling«, grüßte Mama mit plötzlicher Ruhe und setzte ihr lehrerhaftes Gesicht auf, ruhig, ein wenig kühl, sehr sachlich wirkend.
Die Färber-Tochter nickte, tappte ein Stück weiter, verzog das Gesicht. »Sie sind wohl am Arbeiten, was?«
»Das dürfte leicht erkennbar sein«, sagte Papa bissig.
Mama rang um ihre Fassung, aber das bemerkten nur wir, weil wir sie kannten und wußten, wie sehr sie sich das freche Gehabe von Färbers und Familie immer zu Herzen nahm.
»Ganz hübsches Haus, was?« Die Färber-Tochter starrte neugierig in jeden Winkel, schlappte durch den Schmutz und breitete ihn auch in der angrenzenden Küche auf dem Boden aus, als sie dort die Einrichtung inspizierte.

»Kommen Sie bitte zur Sache?« forderte Papa mit zornig gefurchter Stirn.
»Kann ich mich erst mal setzen?« Frau Schindling stapfte herum und stellte unzufrieden fest, daß die gesamte Wohn- und Eßzimmereinrichtung entweder den Gang blockierte oder abgedeckt in der Mitte des Raumes stand.
»In der Küche sind zwei Stühle.«
Ohne weiter darauf einzugehen, sank die Färber-Tochter auf einen sorgsam in Plastik gehüllten Sessel.
»Ich hab' mit Ihnen zu reden«, wandte sie sich dann an Mama. »Über die Kinder, meine Zwillinge. Über die Schule. Und halt solche Sachen.«
»Würden Sie es bitte kurz machen?« fragte Mama, ihre Geduld zusammennehmend. »Wir sind beschäftigt.«
»Klar, ist auch schnell gesagt. Also, hören Sie, es paßt mir nicht, wie Sie meine Kinder behandeln. Schlechte Noten und so. Das ist nur Schikane, sonst nix. Nix sonst, haben Sie gehört? Und Strafarbeiten und all so was. Ich will, daß das aufhört. Ich hab' gute Kinder, die lass' ich mir nicht von Ihnen verderben — seelisch und so.« Sie nickte nachdrücklich, verschränkte die Arme und starrte Mama herausfordernd an.
»Wir haben Ihre Beschwerde zur Kenntnis genommen«, antwortete Papa an Mamas Stelle. Seine Stimme bebte vor eisiger Ironie. »Besten Dank, liebste Frau Schindling. Wenn Sie jetzt die Güte hätten, unser Haus zu verlassen?«
Die Färber-Tochter bekam Papas Tonfall leider in den falschen Hals. Sie sprang auf, drohend, das derbe, breitflächige Gesicht rot und leicht verzerrt vor plötzlicher Wut. »So können Sie mit mir nicht reden, mit mir nicht!« fuhr sie auf unsere verdutzten Eltern los. »Was glauben Sie denn, wer Sie sind? Vielleicht was Besseres? Von wegen! Ihr Haus, was — Ihr Haus? Da sind Sie wohl stolz drauf, was? Und auf die zwei Autos und die Gäule, die ihnen gehören, und wohl auch noch auf die

zwei Gören hier, bloß, weil die aufs Gymnasium gehen, was? Aber das lassen Sie sich gesagt sein, unsereins ist genauso fein wie Sie, und mit mir reden Sie so nicht! Und was meine Kinder anbelangt, die werden ordentlich behandelt, wie sich's gehört! Meine Eltern sagen schon immer ...«
Genau an diesem Punkt platzte Papa der Kragen. »Das interessiert mich nicht!« rief er mit ungewöhnlich hoher Stimme. »Ihr Geschwätz ebensowenig wie Ihre Eltern! Sparen Sie sich Ihren Neid und Ihre aus der Luft gegriffenen Vorwürfe und sinnlosen Anklagen. Verlassen Sie unser Haus! Sofort!«
Er schien sogar die dreiste Frau Schindling zu beeindrucken.
»Unverschämtheit!« schnaubte sie zwar, bewegte sich aber doch in Richtung Tür. Kaum war sie draußen, schloß Papa die Haustür mit Vehemenz und stürmte wieder ins Eßzimmer, um sich über die schlechten Manieren der meisten Leute überhaupt und die des ganzen Färber-Clans im besonderen aufzuregen.
Mama schluchzte ziemlich hysterisch vor sich hin. Normalerweise mit recht guten Nerven ausgestattet, läßt sie sich von dieser unangenehmen Frau Schindling doch immer wieder aus der Fassung bringen.
Susan und ich schwiegen ein wenig verlegen. Dann hatte Susan die gute Idee, die Gelegenheit beim Schopf zu packen und die Arbeit für heute zu beenden. Während Papa noch wetterte und Mama unglücklich schluckte und schniefte, stahlen wir uns davon. Umziehen, rein in die Stiefel, einige Möhren in eine Tüte packen – und dann nichts wie weg! Wir waren sogar bereit, auf Papas Dienst als Chauffeur zu verzichten und trotz Kälte und starkem Wind unsere Drahtesel zu benutzen.
So keuchten wir dann Richtung Reitstall.
»Blöder Wind«, schalt Susan atemlos, »kommt auch noch von vorn!«

Ich sparte mir meinen Atem, zog den Kopf ein und trat weiter die Pedale. Meine Reitstiefel hatten eine Falte bekommen, die beim Reiten nicht störte, beim Radfahren jedoch erheblich. Sicherlich würde ich über der Ferse eine Blase bekommen.

»Freut euch des Lebens!« begrüßte uns Günther, als wir ausgepumpt und mit schmerzenden Waden vor dem Stall mehr vom Rad fielen als stiegen. »Wir haben gerade eine Riesenladung Stroh bekommen; ihr dürft beim Abladen helfen.«

»Nein, wie reizend«, murmelte Susan, »das hat mir noch gefehlt!«

»Auf, auf«, trieb Günther uns grinsend an, »nur keine Müdigkeit vorschützen!«

»Vielleicht dürfen wir wenigstens noch unsere Pferde begrüßen«, knurrte Susan und verschwand tütenschwingend im Stall. Obwohl ich keine besondere Sehnsucht nach Alpenveilchen hatte, ging ich mit.

»Heiliger Strohsack!« hörte ich Susan da rufen und verlängerte meine Schritte, um nachzusehen, was passiert war.

»Was gibt's denn?«

»Alpenveilchen. Sieh dir ihre linke Schulter an.«

»Was hat sie denn?« fragte ich, nun doch beunruhigt, und trat näher.

»Ganz aufgeschrammt, Fell weg – und heiß fühlt sie sich an! Wie konnte das nur passieren?«

Alpenveilchen legte die Ohren an, als wir ihre lädierte Schulter begutachten wollten.

»Ist beim Schmied geschehen«, berichtete Günther. »Sie hat heute neue Eisen bekommen und war ziemlich zickig. Einmal hat sie so gezapelt, daß sie stürzte. Fast wäre der Schmied noch unter sie gekommen.«

»Du liebe Zeit!« Ich seufzte. »Das sieht ihr ähnlich.«

Susan versuchte noch einmal, die verletzte Stelle abzutasten. Aber Alpenveilchen legte wild die Ohren an und biß nach ihr.

»Ob sie Schmerzen hat?« überlegte ich laut. »Vielleicht sollten wir den Tierarzt rufen.«
»Nicht nötig, meine Damen.« Herr Grünbaum war unbemerkt hinter uns getreten. »Das ist keine großartige Angelegenheit. Ein paar Tage Ruhe sind wohl angebracht, und ich kümmere mich später noch genauer um die Schulter.«
»Einen Verband kann man ja wohl schlecht machen«, stellte Susan fest.
»Wäre auch überflüssig«, meinte Herr Grünbaum. »Laßt sie einige Tage stehen, führt sie nur ein wenig im Schritt herum und sorgt für Kühlung, das tut sicher gut. Und jetzt . . .«
»Zu all dem Ärger, den man hat, auch noch Arbeit. Ich weiß«, sagte Susan, »es bleibt einem nichts erspart.«
»Ein Unglück kommt selten allein«, spottete Günther. »Was findet ihr schlimmer?«
»Am allerschlimmsten bist immer noch du mit deinem Lästermaul«, parierte Susan.
Herr Grünbaum packte die beiden energisch beim Genick. »Streitet euch auf dem Heuboden beim Strohstapeln weiter«, verlangte er grinsend. »Falls ihr dann noch genügend Puste habt.«

Die Reitabzeichen in Silber

Papa war tief enttäuscht, als er hörte, daß er seine Ausritte auf Alpenveilchen noch etwas verschieben mußte. Zumindest tat er so. Dann bot Herr Wendel ihm an, ab und zu mit Achill ins Gelände zu reiten. Er selbst wollte Waldgeist nehmen. Günther, der das silberne Abzeichen für Jugendliche schon seit einem Jahr in der Tasche hatte, nahm nicht am Reitkurs teil, sondern durfte unter Herrn Grünbaums Anleitung helfen, drei junge Pferde anzureiten. Er war stolz darauf und gab entsprechend an. Wir zogen ihn ordentlich auf.

»Warte nur, bis du das erstemal segelst«, spotteten wir, und: »Du hast doch wohl eine Unfallversicherung abgeschlossen?«

»So ein Elend, die Ferien im Krankenbett verbringen zu müssen.« Annette seufzte und rollte die Augen.

»Weibervolk!« pflegte Günther dann verächtlich zu erwidern und machte sich auf die Suche nach Sabina, um sich von ihr bewundern zu lassen.

»Jungs sind doch schrecklich eingebildet«, murmelte Angie, und nun kicherten wir alle ziemlich albern.

Ich genoß es, Waldteufel reiten zu dürfen. Das war ein Pferd! Ganz anders als Alpenveilchen. Auch Papa war von der Wendung der Dinge recht angetan. Sein erster Ausritt auf Achill hatte ihm gut gefallen, und Herrn Wendel fand er prima.

»Schön für dich«, meinte Mama und machte ein etwas bekümmertes Gesicht, was Papa natürlich entging. Arme Mama! Sie hätte Alpenveilchen gern mit Liebkosungen überschüttet und mit Leckereien vollgestopft, aber die Stute wollte von ihr nichts wissen, wandte sich ab, schnappte oder drohte mit der Hinterhand. Nicht einmal die Mohrrüben und Äpfel konnten ihr eine freundliche Geste, wie gespitzte Ohren, entlocken.

»Mama sehnt sich nach einem zweiten Husar«, stellte Susan fest.

»Klar. Aber ob wir jemals noch ein vernünftiges Pferd bekommen?«

»Man müßte Alpenveilchen verkaufen.«

»Könntest du das einfach so?«

Susan druckste herum. »Nicht gerade einfach so. Aber in gute Hände.«

»Wer nimmt denn schon so einen Ziegenbock?«

»Leute wie wir«, bemerkte Susan trocken.

»Die mußt du erst mal finden«, knurrte ich.

»Hergeben, ich weiß nicht. Wenn sie's gut hätte. Warten wir doch die nächsten Turniere ab. Vielleicht hat sie Spaß an Turnieren und wird besser.«

»Deinen Optimismus möchte ich haben.«
»Optimismus — so kann man's auch nennen.«
»Worüber ratscht ihr denn wieder?« meldete sich Günther zu Wort. Er half Sabina, Sonnenkönig fertigzumachen, der ihr zugeteilt war. Da Susan Husar putzte und ich Waldteufel, der einige Boxen weiter stand, mußten wir ziemlich laut sprechen, um einander zu verstehen, und so hatte Günther alles mit angehört.
»Du hast doch die Lauscher gespitzt, oder?« fragte Susan. »Dann wirst du auch wissen, worum es geht.«
»Alpenveilchen, schätze ich.«
»Kluges Kind!«
»Giftziege!«
»Bäh!« Susan schnitt ihm eine Grimasse, und dann lachten wir alle drei. Nur bei Sabina wollte das Lachen nicht so recht klappen; vielleicht war sie eifersüchtig auf Susan, wer weiß?
Ich schmunzelte vor mich hin und fuhr fort, Waldteufels Schweif zu verlesen.
Mit langen Schritten marschierte Herr Grünbaum durch den Stall. »Mal ein bißchen Dampf, Herrschaften, heute müssen wir pünktlich anfangen!«
»Wieso das denn?« wollte Annette wissen.
Angie meldete sich mit kläglicher Stimme: »Meine Eltern sind gekommen. Sie wollen Absalons Dressur sehen. Und wehe, er marschiert nicht!«
»Ach je!« entfuhr es Susan.
»Du Ärmste«, murmelte ich.
Günther brummte verständnisvoll.
»Bin ich froh, daß Großvater nichts Unmögliches von mir verlangt«, hörten wir Annette sagen. Sie besaß das bronzene Abzeichen und war zufrieden damit; das silberne zu machen, hatte sie keinen Ehrgeiz. Sie ritt den Vorbereitungskurs nur aus Spaß an der Freude mit, kostenlos sogar, wie sie uns unter dem Siegel der Verschwiegenheit anvertraut hatte. So war unser Reitlehrer. Wir fanden ihn spitze.

»Hopp!« forderte er jetzt noch einmal und eilte dann in die Halle zurück, um Angies Eltern zu begrüßen.
Es war der dritte Kurstag, ein schöner Sonntagvormittag, und nächsten Samstag sollten die Prüfungen stattfinden. Heute stand Dressur auf dem Plan und die zwei Anwärter fürs bronzene Abzeichen für Erwachsene. Die Anwärter fürs silberne für Jugendliche sollten heute nach dem Abreiten ihre Dressuraufgaben durchreiten. Die vier Anwärter aufs Jugendreiterabzeichen in Bronze mußten keine Aufgabe, sondern nur etwas Dressur in der Abteilung nach Anweisungen der Richter reiten, hatten es also etwas leichter.
Tja, wer nach den Sternen greift!
Mir kam es im Augenblick so vor, als hätte ich genau das vor. Das Reitabzeichen in Silber — ob ich das wirklich schaffen konnte?
Vor der Dressur hatte ich keine Angst. Was war schon eine L-Dressur mit Waldteufel? Aber das Springen! Wie sollte ich nur einen L-Parcours bewältigen, wo mir doch schon bei einem A-Springen das Herz in die Hose rutschte!
»Blöde Dressur!« jammerte Susan gleichzeitig. »Ich hasse Dressur.«
»Hör auf zu zetern!« verlangte Angie düster. »Bei mir geht es um viel mehr. Und dann mit Absalon in die Dressur — das ist doch Wahnsinn! Er mag keine Dressur. Die Richter werden sich totlachen. Und wenn ich nicht bestehe...«
Sie schluckte schwer und führte dann, ohne den Satz zu vollenden, ihr Pferd an uns vorbei in die Halle.
Susan und ich tauschten einen leicht verschämten Blick. Angie hatte ja recht. Wir jammerten, aber was machte es schon, wenn es bei uns nicht so klappte? Unsere Eltern würden uns trösten, und wir konnten einen neuen Anlauf unternehmen. Angies Eltern aber würden ein Mordstheater veranstalten und Angies Pferd verkaufen.

»Ich kann sie nicht ausstehen«, brummte Susan, und ich wußte, wen sie meinte.
»Nicht mal Waldgeist für die Dressur haben sie erlaubt«, raunte Annette uns zu. »Ist das nicht gemein?«
»Kann Absalon überhaupt eine L-Dressur gehen?« überlegte ich laut.
»Wir werden ja sehen.« Damit führte Günther Sabinas Pferd Richtung Halle. »Und wir haben noch Zeit bis Samstag.«
Nett von ihm, so einfach »wir« zu sagen. Aber schließlich gehörten wir ja auch alle zusammen. Jeder war für den anderen da, trotz Kabbeleien und Geflachse. Das gehörte dazu.
Fräulein Schimmelpfennig und die andere, schon etwas ältere Dame ritten ihre Aufgabe zuerst. Wir beobachteten sie gespannt. Beide Pferde gingen nicht überragend, aber recht ordentlich.
»Das müßte genügen«, fand Herr Grünbaum, »aber wir werden versuchen, noch einiges zu verbessern. Bei Ihnen, Fräulein Schimmelpfennig, gefallen mir die Paraden und Übergänge nicht besonders, bei Frau Schunck mangelt es an Biegung und korrekter Anlehnung. Bei beiden sind die Verstärkungen auch zu verbessern.«
Als nächste war ich an der Reihe. Waldteufel ging aufmerksam und brav. Die Hinterhandwendung klappte nicht besonders, aber der Mitteltrab war sehr gut, ebenso die einfachen Wechsel und der Außengalopp.
Während Susan und ich die Pferde tauschten, mußte Angie ihre Aufgabe reiten.
Ich schaute ihr gespannt zu.
Husar unter mir trottete im Schritt am hingegebenen Zügel dahin, auf ihn mußte ich mich nicht konzentrieren. Susan gewöhnte sich an Waldteufel.
Angies Eltern standen hoch aufgerichtet auf der kleinen hölzernen Tribüne, mit ziemlich überheblichen Mienen, so als gehörte ihnen der ganze Reitstall.

»Bis jetzt haben wir noch nichts Überragendes gesehen«, meinte er herablassend zu ihr. »Hoffentlich zeigt unsere Angie etwas mehr Können.«
»Blöde Angeber!« raunte ich und hinderte Husar daran, vom Sattelplatz in die Reitbahn einzubiegen.
Angie ritt mit verbissener Miene.
Absalon wirkte so hoch, steif und schwerfällig, ganz anders als im Parcours.
Er knirschte mit den Zähnen und war recht unruhig im Kopf, kam einmal über, dann wieder hinter den Zügel. Im Außengalopp fiel er ziemlich auseinander und schleuderte der fehlenden Versammlung wegen bedenklich durch die Ecken. Bei den Paraden zum Schritt grunzte er und warf sich gegen den inneren Schenkel. Zur Hinterhandwendung konnte Angie ihn erst nach kurzem Kampf bewegen. Der Braune schnaubte, verwarf sich im Genick und warf sich nach vorn, bevor er sich widerwillig in die Wendung führen ließ. Der armen Angie lief der Schweiß übers Gesicht. Sie sah reichlich kaputt und mitgenommen aus, als sie Absalon zur Schlußaufstellung durchparierte.
Eine Weile war es ganz still. Angies Eltern musterten das Pferd ihrer Tochter mit sichtlichem Unwillen.
»Herr Grünbaum — kann das reichen?« fragte die Mutter mit ihrer durchdringenden Stimme. Ich mochte ihren Tonfall nicht. Sie sprach, als wäre Absalon ein ekliges Insekt, das entfernt werden muß.
»Wir werden an der Dressur arbeiten«, brummte unser Reitlehrer nur.
Angies Vater kaute finster auf seiner Unterlippe. »Ich wette, es liegt an dem Pferd, Hanne«, sagte er zu seiner Frau, so laut, daß alle es hören konnten. »Ich mochte das Tier von Anfang an nicht. Ich habe dir gleich geraten, lieber die Fuchsstute zu kaufen.«
»Absalon ist prima«, mischte Angie sich heftig ein. »Aber er ist nun mal ein Springer, kein Dressurpferd. Und ich will ja auch nur Springen reiten.«

»Unsinn«, bemerkte ihre Mutter hart. »Das Pferd hat zu laufen, wenn du es verlangst. Oder bist du unfähig, ihm Beine zu machen?«
Wie sie sich ausdrückten! Nicht einmal Mama, die wahrhaftig nichts vom Reiten verstand, drückte sich so unfachmännisch aus. Ich schnaubte verächtlich. Ich konnte Angies Eltern einfach nicht leiden.
»Beeil dich jetzt«, befahlen sie nun, »bring das Tier in den Stall! Du weißt doch, daß wir eine Einladung zum Essen haben.« Damit verließen sie grußlos die Reithalle, um draußen in ihrem großen, stahlblauen Wagen auf Angie zu warten.
Arme Angie, dachte ich und sah der Freundin mitleidig nach, wie sie mit gesenktem Kopf ihr Pferd in den Stall brachte. Hoffentlich besteht sie die Prüfung und bekommt das Abzeichen.
Ich wünschte es ihr so sehr!
Dann bemühte ich mich, Susan und Waldteufel zuzuschauen. Die beiden machten ihre Sache recht gut. Susan fühlte sich im Außengalopp und im Mitteltrab etwas unsicher, das sah man, und die Hinterhandwendung verpatzte sie total. Es sah eher aus wie eine verunglückte Vorhandwendung. Herr Grünbaum bedeckte demonstrativ mit einer Hand die Augen. Aber Susan kümmerte sich nicht darum. Mit verbissenem Gesicht ritt sie weiter. Wenn die Hinterhandwendung bei der Prüfung nur klappte – dann würde sie auf jeden Fall mit Anstand bestehen.

Als wir an diesem Tag zum Mittagessen nach Hause kamen, klebten endlich alle Tapeten an der Wand. Papa hatte also sogar an seinem heiligen Sonntagmorgen gearbeitet, den er sonst faulenzend, im Morgenmantel verbrachte.
»Er hat richtig mit angepackt«, lobte Mama, die natürlich wieder die Hauptarbeit geleistet hatte. Papa machte ein beleidigtes Gesicht, sagte aber nichts.

Allmählich kehrten in unserem Haus wieder Ruhe und Ordnung ein. Jedenfalls so ziemlich. Wir kannten nur noch ein Gesprächsthema: das Reitabzeichen. Und je näher die Prüfungen kamen, desto kribbeliger und aufgeregter wurden wir. Mama und Papa ließen sich von unserer Aufregung anstecken und fieberten mit uns, gaben gute Ratschläge, versprachen, dabeizusein und uns beizustehen. Vielleicht meinten sie den seelischen Beistand, anders konnten wir es uns nicht vorstellen. Ob Angies Eltern ihrer Tochter Mut machten, ihr gut zuredeten? Wir vermochten es nicht zu glauben.
»Unsere Eltern sind prima«, entschieden wir einmal mehr. Manchmal etwas kompliziert, zugegeben. Alles andere als Durchschnittseltern. Bisweilen etwas chaotisch. Jedenfalls keine dieser hoffnungslos faden Spießereltern, die alles verboten, was sie nicht verstanden, abtaten, wofür sie sich nicht selbst begeisterten und verdammten, was jenseits ihres Horizonts lag.
Am Donnerstag ritten wir noch einmal unsere Dressur, am Freitag morgen sprangen wir noch einmal den Parcours. Waldteufel und Husar machten beide ihre Sache sehr gut. Wir konnten also mit ruhigem Gefühl in die Prüfung gehen. Am selben Tag erklärte Herr Grünbaum, daß Alpenveilchen wieder geritten werden konnte.
»Fein«, meinte ich zähnefletschend. Man sah, daß ich das Gegenteil meinte. Lediglich Papa freute sich.
»Sehr gut«, frohlockte er und rieb sich die Hände, »ich freue mich aufs Ausreiten.«
Der gemütliche Achill hatte ihm wohl Mut gemacht.
Am Freitag abend sattelten wir Husar und ein Schulpferd und machten einen kleinen Ausritt. Alpenveilchen mochte ich nicht gleich im Gelände reiten, nachdem sie eine Woche gestanden hatte. Im Schritt, am hingegebenen Zügel bummelten wir los, Richtung Rotenkrug. Es war ein schöner, stiller Frühlingsabend, kühl, aber vergoldet durch die Strahlen der sich lang-

sam senkenden Sonne. Die Pferde stapften zufrieden dahin, mit tiefen Nasen. Wir verkrochen uns in unsere warmen Pullover und sprachen wenig.

Als wir bei Bobbys Koppel ankamen, sahen wir das alte Fjordpferd ruhend in einer Ecke stehen. Wir lockten ihn mit einem Apfel, und er kam gemütlich angetrottet. Unsere Pferde standen ganz still, während wir Bobby streichelten und ihm die Mohrrübe gaben. Nach einer Weile schritt Bobby langsam in seine Ecke zurück, gefolgt von seinem Freund, dem Shetty.

Als wir uns bereits zum Gehen wandten, tauchte Herr Schröder auf, um die beiden Pferde in den Stall zu bringen. Er nickte uns kurz zu, und wir beobachteten, im Sattel umgewandt, wie das Fjordpferd und das Shetlandpony gelassen Richtung Stall trotteten. Fast gleichzeitig ging die Sonne unter.

»Wir müssen zurück«, stellte Susan fest und blickte mich an. »Wollen wir?«

Ich nickte. Auch auf dem Rückweg waren wir schweigsam. Ich dachte an Ostern am bevorstehenden Wochenende und an die Prüfungen am nächsten Tag. Ein leichter Schauer lief mir über den Rücken, nicht nur des frischen Abendwindes wegen. Ich fröstelte vor Spannung, vor Aufregung.

Die letzte Abendstunde war gerade beendet, als wir in der kühlen Dämmerung zum Stall zurückkamen. Wortlos versorgten wir unsere Pferde, dankten ihnen mit einigen Mohrrüben für den schönen Ritt und fuhren dann durch die Dunkelheit nach Hause zurück.

»Gott sei Dank, daß ihr da seid!« empfing Mama uns schon an der Haustür. »Ich habe mir Sorgen gemacht. Weshalb kommt ihr so spät?«

Wir betraten unser warmes, gemütliches, hell erleuchtetes Haus. Spät? Wir wunderten uns. Es war gar nicht so spät, aber die Tage waren noch kurz. Außerdem hatten wir nicht auf die Uhr geschaut.

»Wißt ihr es schon?« Papa blickte uns entgegen.

»Was denn?« fragte ich, plötzlich beunruhigt. »Etwas Wichtiges?«
»Schlimmes?« ergänzte Susan.
»Kommt drauf an, für wen. Ich glaube nicht, daß ihr in Tränen ausbrechen werdet.« Papas Gesicht war ernst. »Der alte Herr Färber ist heute überraschend gestorben. Herzinfarkt.«
Wir schwiegen und starrten einander an. Nicht, daß wir um den bösartigen alten Mann trauern würden. Aber ein leiser Schauder lief uns doch über den Rücken, als uns plötzlich bewußt wurde, wie schnell ein Mensch, der eben noch herumgelaufen und quicklebendig gewesen war, sterben konnte. Auf einmal war er nicht mehr da. Ohne Vorwarnung war es geschehen. Von einer Minute zur anderen.
»Wir müssen eine Beileidskarte schicken«, unterbrach Mama sachlich die unheimliche Stille.
»Ja. Und zu der Beerdigung gehen«, fügte Papa hinzu.
»Ja.« Mama grübelte über irgend etwas nach. Auf ihrer Stirn erschienen tiefe Furchen. »Am liebsten würde ich keins von beidem tun«, erklärte sie plötzlich. »Die Leute waren immer nur gehässig, haben Klatsch und Lügen über uns in die Welt gesetzt. Wieso sollten wir jetzt Teilnahme heucheln?«
»Weil der Rest dieser Familie und mit ihm das Dorf uns sonst noch mehr verleumden würde.«
»Das war uns doch bisher auch — nun, nicht gleichgültig, aber wir haben uns nie darum gekümmert.«
Susan und ich wandten uns zum Gehen. Morgen fanden unsere Prüfungen statt, wir hatten jetzt nicht den Nerv zu erörtern, ob man zur Beerdigung des alten Färber gehen oder ob man einfach nicht gehen sollte. Mit dem Gedanken an die Prüfungen schlief ich später ein. Wie wird alles klappen? überlegte ich noch, dann fiel ich in einen unruhigen Schlaf. Ich träumte vom Springen mit Husar, aber der Parcours wollte kein Ende nehmen: Mehr und mehr Hürden türmten sich

vor uns auf, höher und höher wurden die Sprünge, unüberwindlich schien der Hinderniswald, der sich vor uns ausbreitete.
Als mein Wecker am Morgen meine wirren Träume jäh beendete, war ich schweißgebadet und kaputt. Auch Susan sah nicht gerade taufrisch aus.
»Ich habe geträumt, daß ich mich dreimal verritten habe und dann mitten auf den Richtertisch gesprungen bin«, vertraute sie mir an. »Dann mußte ich ausscheiden. Ist das nicht schrecklich?«
»Warum solltest du dich verreiten?« fragte ich.
»Du weißt doch, wie es mir in Dressuren geht. Hoffnungslos!« meinte Susan und schnitt eine Grimasse.
»Ach so! Ich dachte, du redest vom Springen.«
»Ach was – Springen! Kleinigkeit!« schnaubte Susan.
Das denkst du so, dachte ich und seufzte.
Milder Sonnenschein fiel ins Zimmer, als wir den Rolladen hochzogen und die Fensterflügel weit öffneten. Ein schöner, ein zauberhafter Frühlingstag erwartete uns. Und morgen war Ostern. Ostern! Mit Eiersuchen im Garten, unter blühenden Büschen, zwischen duftenden Frühlingsblumen. Mama würde die ersten Narzissen schneiden und in eine große Vase stellen. Wir würden Ostern feiern wie die Kinder, mit allem was dazugehörte: versteckten Nestern, Schokoladeneiern, Festessen und dem traditionellen Osterspaziergang am Nachmittag.
Aber davor lagen noch eine L-Dressur, eine theoretische Prüfung und ein L-Springen. Der Gedanke daran ließ mich frösteln. Ich beeilte mich mit Waschen, Zähneputzen und Anziehen, ließ mir nur zum Frühstücken richtig Zeit. Um zehn begannen die Prüfungen mit der Dressur für die Jugendlichen. Bronze zuerst, in der Abteilung, dann waren wir an der Reihe. Um halb neun wollten wir im Stall sein. Jetzt war es kurz vor acht. Mama war bereits aufgestanden, während Papa noch dem Morgenschlaf huldigte.

»Er kommt später nach«, versprach Mama, »ihr wißt doch, daß er ein Langschläfer ist.«
Sie war heute nicht einmal böse auf ihn, weil er noch im Bett lag.
Blankgeputzte Stiefel erwarteten uns. Mama war wirklich eine Perle! Zehn nach acht fuhren wir los, Mama bewaffnet mit einem Riesensack Äpfel, Möhren und Brot. Sie freute sich darauf, ihre Lieblinge wieder ordentlich füttern zu können. Diesmal ließen wir sie gewähren. Erstens waren wir dankbar für ihre Hilfe, und zweitens ließ unsere nervöse Spannung keine Auseinandersetzungen zu.
Angie war bereits im Stall, zitternd und kreideweiß empfing sie uns.
»Ich hab' solche Angst«, wisperte sie.
Die Ärmste! Wir konnten sie so gut verstehen. Mit steifen Fingern, stumm und verbissen, putzten wir unsere Pferde, Susan Husar, ich Waldteufel. Sabina kümmerte sich um Sonnenkönig, Fräulein Schimmelpfennig war noch nicht zu sehen. Außer den Leuten aus unserem Verein erschienen noch vier Bewerber von auswärts, zwei Jugendliche und zwei Erwachsene, alle Anwärter auf das bronzene Abzeichen.
»Wir sind also die Stars!« Susan lachte nervös.
Ich warf ihr einen Blick zu. Ich war zu aufgeregt, um auch nur einen Pieps von mir geben zu können.
Susan half mir mit Waldteufels Zöpfchen, die sich wieder halbwegs aufgelöst hatten. Gemeinsam sattelten und trensten wir.
»Ich kann meine Aufgabe nicht«, jammerte Susan, als ich Waldteufel zum Abreiten hinausführte.
»Grünbaum liest sie doch vor«, brummte ich. Beim normalen Sprechen hätte meine Stimme zu sehr gezittert. Auf die Dressur freute ich mich — aber das Springen, das Springen!
Angie gesellte sich zu uns, und am Rande des Platzes tauchten Günther und Annette auf, um uns die Dau-

men zu halten. Mama stand wohl bei Husar in der Box, um ihn zu mästen. Die Hoffnung, Alpenveilchen ein freundliches Gesicht entlocken zu können, hatte sie beinahe aufgegeben.
Wir warfen einen kurzen Blick auf die Richter in ihren dunklen Anzügen, Melone auf dem Kopf, als sie mit Herrn Grünbaum in die Halle stapften. Kurze Zeit später wurden die Jugendlichen, die das bronzene Abzeichen machen wollten, hereingerufen. Wir mußten noch warten, zitternd und leicht verzagt.
»Ich schaffe es nie«, sagte Angie, »nie, nie, nie.«
»Ich auch nicht«, hauchte Susan.
»Ja, redet es euch nur ein!« fauchte Günther zornig. Damit verschwand er in der Halle, um Sabina zuzuschauen.
Susan fiel Waldteufel in die Zügel und blickte mich flehend an. »Wie geht er, Miriam? Sag doch! Geht er gut? Ist er willig?«
»Er ist super«, behauptete ich, »ganz eifrig und bei der Sache. Du mußt nur darauf achten, daß er dir nicht zuvorkommt. Er kennt die Aufgabe ja schon beinahe auswendig. Da mußt du aufpassen.«
»Oh, Hilfe!« jammerte Susan.
Ich runzelte die Brauen und ärgerte mich. Auf einem guten Pferd konnte man sich schon durch die Dressur mogeln. Wenn man nicht gerade runterfiel oder das Viereck verließ, waren die Richter meistens großzügig, gaben wenigstens die erforderlichen fünf Punkte. Aber beim Springen bedeutete dreimal Verweigern das Aus. Und dann?
Ich galoppierte an. Zwang mich, jetzt nicht ans Springen zu denken. Ich mußte als nächste in die Bahn. Da kamen die anderen schon aus der Halle. Mit klammen Fingern schloß ich die letzten beiden Knöpfe meiner Jacke, rückte den Zylinder zurecht. Ich ritt lieber mit Zylinder als mit Kappe, von der Kappe bekam ich immer Kopfschmerzen. Noch einmal den Gurt überprü-

fen, die Zügel ordnen, ordentlich strecken, Beine lang, aufrichten, im Sattel zurechtrücken, kurz undamenhaft die Nase hochziehen und die Lippen befeuchten — dann ritt ich ein.

Auf der Tribüne hatten sich etwa drei Dutzend Zuschauer versammelt. Einige weitere standen unten auf dem Sattelplatz, um den Richtertisch herum. Flüchtig erkannte ich die Gesichter von Mama, Papa, der mittlerweile gekommen war, Günther, Annette, Annettes Großvater. Dann Herrn Grünbaums Stimme: »Bist du bereit, Miriam?«

Ich nickte. Sprechen konnte ich nicht. Herr Grünbaum begann mit der Aufgabe: »Einreiten im Arbeitstrab. Im Mittelpunkt halten. Grüßen.«

Waldteufel ging präzise, stand nach der Parade auf allen vieren.

»Im Arbeitstempo antraben. Rechte Hand.«

Dann im Mitteltrab durch die ganze Bahn wechseln. Übergang zum versammelten Trab, gut gelungen. Die Volte — vielleicht etwas groß, aber ziemlich rund, wie mir schien. Halten. Rückwärtsrichten. Nicht so eilig, Teufelchen, nur nicht so übereifrig!

»Brrr!« machte ich ganz leise und patschte kurz seinen Hals, bevor ich wieder anritt.

Waldteufels Schritt war nicht der allerbeste, aber er genügte.

»Mitte der kurzen Seite im versammelten Tempo angaloppieren.«

Parade, ja, ganz ruhig, da der erste Galoppsprung, ruhig bleiben, versammeltes Tempo. Die Volte geriet etwas eckig, Waldteufel war noch verdammt frisch, legte sich aufs Gebiß, wollte mehr, viel mehr.

»Langsam!« zischte ich.

Aus der Ecke kehrt ohne Wechsel — der Bogen wurde wieder zu groß, aber dann ließ Waldteufel sich endlich vermehrt aufnehmen. Schöner einfacher Wechsel, die Volte wieder etwas groß, aber nicht so eckig wie zuvor.

Aus der Ecke kehrt, an der kurzen Seite einfacher Wechsel.
Jetzt der Mittelgalopp, ja, der gelang wirklich gut. Aufnehmen, versammelter Galopp — Waldteufel kämpfte kurz gegen die Parade, gab dann aber nach, blieb friedlich. Arbeitstrab, Mitteltrab. Ich schnalzte ganz leicht mit der Zunge. Waldteufel trat kräftig zu, energisch, schwungvoll, ließ sich leicht zurückführen.
»Mitte der kurzen Seite halten. Kehrtwendung auf der Hinterhand.«
Ich stach das Pferd ganz kurz an, leicht nur, um seine Aufmerksamkeit zu erregen, ordnete die Zügel, stellte ihn etwas tiefer ein, begann dann die Wendung, Tritt für Tritt. Mittlerweile war ich trotz der kühlen, frischen Luft naßgeschwitzt. Jetzt nur noch die Schlußaufstellung, und dann hatten wir es geschafft.
Ich ließ Waldteufel die Zügel lang, klopfte dankbar und erleichtert seinen Hals und sagte mir, daß ich wenigstens die erste Teilprüfung sicher bestanden hatte.
Draußen übergab ich das Pferd an Susan und eilte dann zurück in die Halle, um Angies Vorführung zu verfolgen.
Blaß war sie, verkrampft und aufgeregt wirkte sie. Wie viel hing für sie davon ab, daß Absalon gut ging!
Der große Braune wirkte ebenfalls aufgeregt. Speichel tropfte aus seinem Maul, er knirschte vernehmlich mit den Zähnen. Ich hielt Angie ganz fest die Daumen. Es mußte ganz einfach klappen!
Mit eiserner Konzentration steuerte sie ihr großes Pferd durch die Dressur. Besonders elegant und geschmeidig wirkte die Vorführung nicht, eine Menge kleiner Unsicherheiten fielen auf, leicht stockende Übergänge, eine nicht ganz konstante Anlehnung, leichte Schwierigkeiten im Außengalopp und bei der Hinterhandwendung. Aber wenn die Richter nicht ganz und gar biestig waren, mußten sie die Prüfung anerkennen. Ich drückte Angie so fest die Daumen, daß es

fast weh tat, als ich sah, wie die Richter die Note aufschrieben.
Dann war Susan an der Reihe.
Auch sie war blaß, aber konzentriert. Man sah ihrem Sitz an, daß sie keine Dressurreiterin war, obwohl sie natürlich nicht schlecht saß. Aber sie hatte etwas von der Lässigkeit eines Springreiters, das nicht zu übersehen war. Waldteufel ging recht gut, nicht ganz so versammelt wie zuvor, in den Mitteltempi etwas laufend. Aber alles in allem gar nicht schlecht.
Wir waren erleichtert. Bestimmt hatten wir drei es bis jetzt geschafft!
Gegen zwölf trafen wir uns zur Theorie.
Angie war noch immer sehr blaß. »Wir waren fürchterlich«, behauptete sie.
»Nein, so schlimm war es gar nicht«, versuchte ich sie zu beruhigen. Dann kamen die Richter.
Die theoretische Prüfung war nicht schwer.
Ich mußte eine Trense zusammensetzen und einem Pferd anpassen, weiterhin satteln und bandagieren. Susan wurde über das Exterieur eines Pferdes befragt. Wir alle mußten einige Fragen über Krankheiten beantworten. Darin kannte ich mich nicht so gut aus, Susan wußte viel mehr als ich. Nach der Theorie verkündeten die Richter, daß wir alle bisher bestanden hätten. Uns fiel ein Stein vom Herzen!
»Angie! Super!« Susan fiel der Freundin spontan um den Hals. Das noch ausstehende Springen würde für Angie und Absalon wohl nur eine Formalität sein.
Und die Wertnoten? Angie und ich hatten in der Theorie eine 7,0 bekommen, Susan sogar eine 7,5.
»Und die Dressur?« fragte Susan gespannt.
Die Richter begannen, die Dressurnoten zu verlesen. Angie hatte eine 5,4, Susan eine 6,0. Waldteufel und mir hatten sie eine 7,2 gegeben. Ich wurde rot vor Freude, als ich das hörte. Also mußten wir doch eine gute Vorstellung geliefert haben.

Nach der einstündigen Mittagspause sollte das Springen stattfinden, der Wettbewerb, vor dem ich mich am meisten fürchtete. Halbherzig und mit den Gedanken bereits im Parcours, schaufelte ich mein Mittagessen in mich hinein. Angie und Susan strahlten bereits. Sie hatten nun keine Angst mehr, das Springen war für sie reine Freude, die schreckliche Dressur war überstanden, alles andere nur mehr ein Klacks. Ich hingegen fühlte mich einfach jämmerlich. Springen! Einen L-Parcours springen!

»Husar wird schon gehen«, behauptete Susan. »Ich mache ihm Beine.«

Aber ich wollte nicht, daß jemand mir gut zuredete. Mir war übel vor Angst und Aufregung. Ich schaute mir das Springen der anderen nicht an. Als dann aber die Hindernisse für uns drei erhöht wurden und wir anschließend den Parcours abgingen, rutschte mir das Herz endgültig in die Hose.

»Schau nur!« hörte ich Susan. Sie deutete auf den ersten Sprung, der wohl knapp einen Meter hoch war.

»Wie niedlich!« spottete Angie.

Die beiden waren wieder ganz obenauf, wie ich grollend feststellte.

Dieser Oxer da – schlimm! Und die zweifache Kombination auf der Diagonalen, zweimal Steilsprung, die war ja gräßlich! Und dort die Triplebarre – wie breit sie war! Ich schluckte und seufzte und schluckte wieder. Ich fühlte mich so elend und wackelig, daß meine Beine nachzugeben drohten.

Wie erwartet kamen Susan und Angie tadellos über die Runden, Susan mit einem Abwurf, Angie sogar fehlerfrei, was ihre Eltern mit Stolz zu erfüllen schien. Die eher schwache Dressurnote war jetzt wohl vergessen, sie applaudierten mit hochmütigen Gesichtern und warfen ziemlich stolze Blicke um sich.

Und dann gab es nichts mehr außer mir und Husar. Keine Richter, keine Freunde, nicht Susan und nicht

meine Eltern. Acht Hindernisse, zehn Sprünge warteten darauf, von mir bewältigt zu werden.
Husar schritt gelassen aus, blickte sich mit wachen Augen um. Noch mal springen? schien er zu denken. Denselben Kurs – wie lächerlich!
Er schnaubte dumpf und zog das erste Hindernis an, bevor ich ihn überhaupt dazu aufgefordert hatte. Lässig hüpfte er über die von Susan und Angie so belachte erste Stange. Von allein nahm er den zweiten, dritten, vierten Sprung. Mir blieb über diesen Klötzen – denn für mich waren es welche – fast die Luft weg. Alles, was ich tun konnte, war Husar lenken, Tempo und Absprung bestimmte er selbst. In der Zweifachen paßte es nicht – peng! fiel eine Stange zu Boden. Husar legte die Ohren an und legte unwillig an Tempo zu.
»Langsam«, bat ich atemlos, »bitte langsam.«
Wir schleuderten durch die nächste Ecke, daß die Dreckbrocken nur so flogen. Unser Stil ließ sicher einiges zu wünschen übrig. Jetzt die Triplebarre. Ich starrte dem Sprung entgegen und fühlte, wie auch das letzte Restchen Mut mich verließ. Zum erstenmal zögerte Husar, wurde unsicher. Er verlangsamte sein Tempo, wartete wohl auf ein Zeichen von mir. Er war es nicht gewöhnt, einen passiven Reiter wie mich auf sich zu fühlen.
Ich darf ihn nicht im Stich lassen, schoß es mir durch den Sinn, das hat er nicht verdient. Gleichzeitig wünschte ich, er möge verweigern, denn ich hatte Angst vor dem Sprung. Aber der kurze Gedanke hatte sich dem Pferd wohl doch mitgeteilt. Husars Ohren wippten nach vorn, und er drückte ab, etwas zögernd zwar, aber doch mit genügend Schwung und Zutrauen, um das Hindernis zu bewältigen. Was machte es schon, daß er den letzten Sprung riß, weil ich Dusseltier ihm nicht genügend Luft gab?
Wir waren durchgekommen, Husar hatte mich nicht versetzt! Er war der Liebste, Beste, Treuste. Ich fiel

ihm, unsagbar erleichtert und dankbar, mit einem langen Seufzer um den Hals.
Es war vorbei. Es war überstanden.
Wir alle hatten es geschafft. Susan, Angie und ich, Sabina und Fräulein Schimmelpfennig.
Angie durfte ihren Absalon behalten. Ihre Eltern waren stolz auf sie. Wir hatten bestanden und es uns ehrlich verdient: das Reitabzeichen in Silber.

Immer Ärger mit Alpenveilchen

»Diese blöde neue Regelung!« hörten wir Sabina schimpfen, wandten aber kaum die Köpfe. Alpenveilchen wollte beim Einflechten nicht stillstehen, mit ihr hatte ich genug zu tun. Mochte Sabina zetern, am Tag vor einem Turnier waren mir die Nöte meiner Mitmenschen piepegal.
»Was gibt's denn?« fragte wenigstens Günther.
»Ach, wißt ihr's nicht? Es gibt jetzt in der Kategorie C keine A-Prüfungen mehr. Wenn ich also den B-Ausweis beantrage, wie ich's vorhatte, kann ich nur noch im B-Teil starten, mit den ganzen Cracks.«
»Na, so viele Cracks werden dir in einer A-Dressur auch nicht begegnen«, nuschelte Angie undeutlich. Sie hatte ein halbes Dutzend Mähnengummis zwischen den Lippen. »Außerdem«, fuhr sie fort, »brauchst du das Abzeichen für Erwachsene, wenn du einen B-Ausweis bekommen willst. Das andere nützt dir sowieso nichts.«
»Was sagst du? Das wußte ich nicht.« Sabina sank auf einen Strohballen und machte ein recht unglückliches Gesicht.
Ich überließ sie ihrem Schicksal und kümmerte mich weiter um Alpenveilchen. Arme Sabina! Sie hatte Probleme. Uns ließen diese Probleme absolut kalt; wir fünf Freunde konnten aufgrund unserer Leistungsklassen

ohnehin nur noch B-Prüfungen reiten, jedenfalls in den Disziplinen, die uns wichtig waren.
Meine Gedanken schweiften ab, kreisten wieder, düster und sorgenvoll, um Alpenveilchen. Mit Alpenveilchen zum Turnier! Das mußte doch eine Katastrophe werden.
»Fertig«, hörte ich Susan neben mir aufatmend sagen. »Soll ich dir helfen, Miriam?«
»Würdest du? Lieb von dir. Diese dämliche Ziege zappelt dermaßen, daß ich kaum zum Flechten komme. Da, schau, ich habe erst sieben Zöpfe geschafft.«
Gerade riß Alpenveilchen wieder so den Kopf hoch, daß das feuchte Zöpfchen, das ich zwischen den Fingern hielt, mir entglitt. Wieder mußte ich von vorn anfangen.
»So, Ruhe jetzt!« Energisch faßte Susan nach Alpenveilchens Halfter, ohne sich um die angelegten Ohren der Stute zu kümmern. So schaffte ich es doch noch, fertig zu werden.
Zu Hause erwartete uns noch das Sattelzeug, und morgen war es soweit.
Morgen, seufzte ich in mich hinein, als wir uns auf dem Nachhauseweg befanden und ordentlich in die Pedale treten mußten, um gegen den heftig blasenden Abendwind anzukommen. Kühl war es, kalt beinahe, ein typischer Aprilabend. Ich freute mich auf ein anheimelnd warmes Zimmer und ein kräftiges Abendessen. Ich hatte immer Hunger.
»Du wirst zu dick werden«, hatte Mama mir neulich prophezeit.
»Quatsch!« fand Susan. »Miriam ist genau richtig.«
»Hm«, brummte Papa dazu.
Er hatte es nötig! Er hatte dank Mamas üppiger Küche einen richtigen Bauch bekommen.
Nach Hause kommen, hellerleuchtete Zimmer, Käsebrote – und dann das Sattelzeug und die schmutzigen Reitstiefel!

»Laßt nur, die Stiefel putze ich«, versprach Mama.
»Da seht ihr mal, was eure Mutter alles für euch tut«, erinnerte Papa mit Nachdruck.
Er hatte in letzter Zeit seine erzieherische Ader entdeckt und fragte, seit die Schule nach den Ferien wieder begonnen hatte, ständig nach unseren Hausaufgaben. Wie ungemütlich! Susan und ich empfanden das als starke Einmischung in unsere Intimsphäre.
»Es gibt gewisse Dinge, die man sich verdienen muß«, orakelte Papa von Zeit zu Zeit und machte ein geheimnisvolles Gesicht.
Mag sein, daß er recht hatte, aber man sollte wenigstens erfahren dürfen, worum man kämpft. Um die Pferde konnte es sich nicht handeln, unsere Pferde waren Familienbesitz, also hatte er wohl irgendeinen geheimnisvollen Trumpf in der Hinterhand.
Mama scheuchte uns mit dem Sattelzeug in den Keller, und da saßen wir dann und reinigten und fetteten und lutschten selbstgemachte Karamellen. Mitzi mußte ihren Teil schon abbekommen haben; sie lag mit prallgefülltem Bauch auf Mamas Fernsehsessel und japste und schnarchte durcheinander.
»Du, Susan«, sagte ich und rieb nachdenklich an einer lehmbespritzten Stelle meines Dressursattels herum. Ich konnte mir gar nicht vorstellen, wo der Spritzer herkam; ich hatte Alpenveilchen wochenlang nicht mehr draußen geritten, das letztemal hatte ich den Sattel benutzt, als wir Bobby besucht hatten, und da war ich doch gar nicht durch Pfützen geplatscht. »Du, Susan«, setzte ich noch einmal an, »glaubst du, es wird morgen gutgehen?«
Susan unterbrach ihre Arbeit und blickte mich an.
»Klar«, behauptete sie dann.
»Aber eine fremde Halle – ein Hallenturnier. Und Alpenveilchen benimmt sich im Moment so eklig.«
»Du kriegst das schon hin.«
Ich seufzte tief.

»Ist doch nur eine kleine Sache. Zum Einlaufen für die Pferde. Und wenn du die Nase voll hast, reitest du einfach zurück.«
Ich seufzte wieder, nur anhaltender als zuvor. Ja, wir würden auf dieses Miniturnier, das nur einen Tag dauerte, reiten. Im Bogen um Rotenkrug herum, dann ein paar hundert Meter auf der Straße nach Rauhental, einen kleinen Hügel empor zur alten Mühle, die zu einem Reitverein umfunktioniert worden war. Eine schöne Gegend, hübsche Anlagen, ein nettes Turnier. Wir meldeten dort seit Jahren, nahmen die Mühle meist als erstes Turnier in der neuen Saison. Bisher hatten wir mit dem Wetter immer Glück gehabt, hoffentlich würde es morgen nicht regnen.
»Ich reite morgens mit dir hin«, versprach Susan. »Ich habe ohnehin die eine A-Dressur gemeldet, als Jux.«
Ich lächelte blaß. Susan auf dem guten Husar war weit chancenreicher als ich auf dem angeblichen Dressurpferd Alpenveilchen.
»Fertig«, meldete sie jetzt. »Du bist aber langsam, Miriam. Soll ich dir helfen?«
»Laß mal. Nur noch die Bügelriemen.«
Ich brach ab, als Papa seinen Kopf in den halbleeren Kellerraum streckte.
»Beeilt euch doch! Ihr müßt morgen ausgeruht sein, oder nicht? Daß ihr mir keine Schande macht!« Er rieb sich die Hände und verschwand wieder.
Susan und ich tauschten einen Blick. Dann zog Susan geräuschvoll die Nase hoch. »Albern«, fand sie.
»Da ist nichts zu machen«, meinte ich, »er steckt da eben in einer Phase...«
Sie nickte, und wir machten uns gemeinsam über meine Bügelriemen her.
Der nächste Morgen begrüßte uns mit dem leisen Trommeln von Regentropfen gegen die Fensterscheiben. Müßig zu erwähnen, daß das trübe Wetter meine Laune nicht gerade verbesserte.

Schweigsam und mürrisch wusch ich mich, zog mich an, frühstückte. Mama war gut gelaunt und summte vor sich hin, während sie heiße Schokolade für uns kochte. Papa lag natürlich noch im Bett und genoß seinen heiligen Sonntagmorgen.
Susan schlürfte geräuschvoll ihre Schokolade, und Mitzi bettelte um ein Stückchen Apfelkuchen.
»Schade, daß ihr solches Pech mit dem Wetter habt«, bedauerte Mama uns und setzte sich mit an den Tisch, um sich selbst und Mitzi mit Kuchen zu versorgen.
»Ja, nicht wahr?« Susan sprang plötzlich auf und begann wie verrückt nach etwas zu suchen. »Mensch, Miriam, weißt du, wo der Zeitplan abgeblieben ist?«
»Keine Ahnung«, brummte ich. »Steht doch alles noch mal im Programm.«
»Und deine erste Prüfung?«
»Beginnt um acht. Startbuchstabe C. Ich bin ganz hinten dran, nur keine Panik.«
»Na dann!« Susan widmete sich wieder ihrer Schokolade. Zwanzig Minuten später holten wir Günther ab, der mit Waldgeist ebenfalls in der ersten Dressurklasse starten wollte. Mama fuhr uns zum Stall, winkte und versprach, uns die Daumen zu halten.
»Als ob das was nützen würde!« muffelte ich.
Ich war schlecht gelaunt und wußte bereits, daß alles schiefgehen würde, mit Alpenveilchen konnte es ja nicht klappen!
Während ich sie putzte und sattelte, überlegte ich mir noch einmal genau meinen Zeitplan. Ich wußte so etwas natürlich auswendig, nur Susan, die alte Schusselliese, konnte sich nie merken, wann ihre Prüfungen stattfanden.
Um acht die erste A-Dressur, um halb zehn die zweite, in der Susan starten würde, um viertel nach elf die E-Dressur, die uns nichts anging, um eins das erste Springen, das mich wiederum nicht interessierte. Zwei A-Springen, ein L-Springen, dann noch mal ein Sprin-

gen für die Kleinen, uninteressant für uns. Na, ich würde zu diesem Zeitpunkt längst wieder zu Hause sein.
»Miriam, bist du soweit?« Susan stand mit Husar bereits auf der Stallgasse.
»Ja, gleich.« Ich führte Alpenveilchen nach draußen und kratzte ihr die Hufe aus, wobei sie versuchte, mich zu zwicken. Sabina, die natürlich gekommen war, um Günther alles Gute zu wünschen, putzte Achill. Der große Braune hatte sich eine Hufprellung zugezogen und würde wohl einige Wochen ausfallen. Jetzt stand er da und starrte griesgrämig vor sich hin. Er haßte es zu stehen.
Vor dem Stall angekommen, machte Alpenveilchen wieder einmal Schwierigkeiten beim Aufsitzen. Sie tippelte rückwärts und seitwärts, knallte mit dem Hinterteil gegen die Stallmauer und schrammte sich das Sprunggelenk an der steinernen Einfassung des Misthaufens auf.
»Diese dumme, dämliche...« Ich verkniff mir den Rest, schluckte und würgte statt dessen an den aufsteigenden Tränen. Immer ging alles schief! Immer machte Alpenveilchen Ärger!
»Nichts Schlimmes«, beruhigte Günther mich da, »nur eine kleine Hautabschürfung. Warte, ich hole etwas Blauspray.«
Er warf Susan Waldgeists Zügel zu, flitzte in die Sattelkammer und tauchte mit einer kleinen Sprühdose wieder auf. Alpenveilchen scheute, sprang zur Seite und rempelte dabei Husar an, der seinerseits tänzelnd auswich.
»Verdammt noch mal, steh jetzt!« schrie ich die Stute an. Susan warf mir einen verwunderten Blick zu, schwieg aber.
Günther stellte sich neben Alpenveilchen, zielte – und konnte dann nur durch einen tollen Sprung sein Leben retten. Die Stute hatte sofort reagiert und nach ihm geschlagen, seitlich und exakt berechnet.

»Biest!« empörte sich Günther.
»Komm, laß es sein! Zum Schluß bekommst du noch was ab. Das ist die Sache nicht wert«, meinte ich.
»Wie du meinst.« Günther brachte das Blauspray wieder weg und hielt Alpenveilchen, bis ich aufgesessen war. Dann schwang er sich ebenfalls in den Sattel. Wir konnten losreiten. Es hatte mittlerweile aufgehört zu regnen, es war aber diesig, kalt und unfreundlich. Auf den Wegen hatten sich Pfützen gebildet, das Gras triefte vor Nässe, und von allen Bäumen tropfte es unablässig. Ich fühlte mich so elend, daß es mich schüttelte. Am liebsten wäre ich sofort umgekehrt, hätte Alpenveilchen in den Stall gebracht und wäre nach Hause gefahren, zurück in die vertraute, gemütliche Wärme, in mein Bett oder ins Wohnzimmer, aufs Sofa, in eine Decke gekuschelt. Statt dessen ritt ich hier durch morgendliche Kälte, einem Turnier entgegen, das mir nichts bringen würde außer Schweiß und Anstrengung und die Erkenntnis, daß ich es mit Alpenveilchen nie schaffen würde. Niemals. Nicht mit ihr.
Günther und Susan sprachen und lachten miteinander, aber ihre Stimmen rauschten an mir vorbei. In meinem Kopf dröhnte es, in meinen Schläfen pochte es, und Alpenveilchen unter mir verwandelte sich in meiner Phantasie zu einem wilden Ungeheuer, einer schwarzen Bestie, einem personifizierten Alptraum.
»Miriam? Miriam!« Nur schwer durchbrach Susans Stimme meine düsteren Gedanken. »Was ist?«
Ich riß mich zusammen. »Ach, gar nichts. Mir ist nur kalt. Traben wir an? Das hilft vielleicht.«
Gegen dreiviertel neun erreichten wir den Turnierplatz, die alte Mühle. Gemeldet hatte ich bereits, meine Startnummern steckten in der Tasche meines Regenmantels. Absitzen, Nummern anbringen — Alpenveilchen spielte mal wieder verrückt. Sie zappelte, warf den Kopf hin und her und versuchte nach mir zu beißen. Ich blickte mich nach Susan um — sie war mit Husar

verschwunden, hatte ihn wohl in den Stall gebracht, um ihn vor der nebligen Feuchtigkeit zu schützen. Ich blinzelte in den Himmel – grau war er und verhangen, von Sonnenstrahlen keine Spur. Fröstelnd kroch ich in mich zusammen, fummelte weiter an den Nummern herum. Alpenveilchen scheute vor einem Hasen, der im Gebüsch raschelte – oder war es ein Vogel? Jedenfalls sprang das Pferd mir auf den Fuß, und ich unterdrückte nur mühsam ein Stöhnen.
»Runter mit dir, dummes Tier!« gurgelte ich schmerzgepeinigt. Es gelang mir, die Stute wegzuschieben. Mein armer Fuß! Er tat ziemlich weh, die Zehen ließen sich kaum bewegen. Ein guter Grund, gleich wieder nach Hause zu reiten. Oder nicht? Ich machte einige Schritte, hüpfte probeweise hin und her. Meine Blicke glitten über die weite Wiese, die den Reitern als Abreiteplatz diente, und eine plötzliche Sehnsucht, doch zu reiten, gut zu reiten, erwachte in mir. Turnierstimmung! Unverkennbar, auch bei diesem Wetter, bei trübem Licht, durchweichtem Boden. Pferde trabten und galoppierten, Reiter bemühten sich, warm zu werden, ihre eigenen Muskeln und die der Pferde zu lockern, Transporter krochen hügelan und verschwanden hinter der Mühle wieder in einer kleinen Senke, um dort auf einem riesigen, brachliegenden Feld zu parken. Trecker standen bereit, zwei, nein drei, um steckengebliebene Autos notfalls auf die Straße zu ziehen.
Günther trabte an meine Seite.
»Willst du nicht endlich abreiten? Wir sind übrigens ein Paar. Nach dir kommt nur noch eine einzelne Reiterin. Zwei andere haben vorgezogen, weiß der Kuckuck, warum!«
»Geht es denn so schnell?« Ich staunte.
»Du trödelst ja schon eine Viertelstunde herum!«
Ich bemühte mich, mich zusammenzureißen. »Ach ja! Ich komme mit den Nummern nicht zurecht. Alpenveilchen spielt verrückt.«

Wieder begann ich, an den Startnummern herumzubasteln, eine hatte ich fest, jetzt die zweite.
Da geschah es.
Aus den Augenwinkeln konnte ich sehen, wie ein großer Transporter langsam den Hügel heraufbrummte. Ein tolles Gefährt wie für Profis, mit Platz für sechs oder acht Pferde, Sattelkammer, vielleicht auch Pflegerraum. Beeindruckend. Alpenveilchen schien es auch beeindruckend zu finden – und noch mehr: furchteinflößend. Ich fühlte, wie sie steif wurde, packte fester zu, hörte den Transporter herandröhnen, ein zweiter kam entgegen, der dicke Brummer schwenkte ein Stück nach rechts, kam wohl auf die nasse Wiese und trat ordentlich aufs Gas, bevor die Räder sich eingraben konnten und tiefer einsanken.
Es brummte und heulte, und Alpenveilchen, nun endgültig von der Gefährlichkeit des Riesen überzeugt, explodierte geradezu. Rechts war kein Platz, da stand Waldgeist, von vorn kam der Hänger, links stand ich. Sie traf die Wahl, in meine Richtung zu springen. Ich fühlte den mächtigen Stoß, sah den wirbelnden Schweif an mir vorbeizischen und spürte einen Schlag wie von einem Huf, als ich mit dem Gesicht in den feuchten Schmutz klatschte und auf dunkle Erde biß.
»Miriam! Ist dir was passiert?«
Ich hob den Kopf, sah in der Ferne Alpenveilchen wild bockend verschwinden und setzte mich auf, zu benommen, um irgend etwas denken zu können.
»Das Misttier! Sie hat nach dir geschlagen – hat sie dich erwischt?«
»Nur meine Kappe, glaube ich.« Benommen nahm ich den Helm vom Kopf, glücklich, ihn bereits getragen zu haben. Günther schaute mich besorgt an, und Waldgeist, der neben ihm stand, bohrte seine weiche Nase in meinen Schoß, verwundert, daß ich am Boden saß, und voll Hoffnung, eine Leckerei zu bekommen.
»Ach, du Guter!« murmelte ich.

»Kannst du aufstehen? Alles heil geblieben?«
»Ja, danke, ich glaube schon.« Mein Fuß, auf den Alpenveilchen zuvor gesprungen war, tat weh, und mein Gesicht fühlte sich leicht demoliert an, ansonsten fühlte ich mich gut. Aber naß war ich – und schmutzig! Gott, war ich schmutzig! Ich starrte entgeistert an mir hinunter und überlegte mir, ob ich schon jemals zuvor so dreckig gewesen war.
»Im Stall gibt's Toiletten, wasch dir erst mal das Gesicht«, riet Günther.
»Und Alpenveilchen?«
»Laß den verdammten Bock doch rennen! Der ist schon halbwegs zu Hause.«
Günther war wirklich aufgebracht, der Gute. Ich mußte lächeln. Während ich langsam zum Stall schlich, immer wieder von den wenigen Zuschauern angegafft und angegrinst, dachte ich mir, daß meine dumpfe Ahnung sich also doch bewahrheitet hatte.
In der Toilette wusch ich mein mit Erde verschmiertes Gesicht und bemühte mich, auch meine Reitsachen etwas zu säubern.
Es war beinahe unmöglich. Ich sah fürchterlich aus und fühlte mich jämmerlich. Als ich mich so im Spiegel sah, hätte ich am liebsten geheult.
Dann tauchte ganz plötzlich ein neues Problem auf. Wie sollte ich nach Hause kommen?
Ich versuchte, ruhig und logisch zu denken. Neben dem Eingang zur Halle, dem an der Breitseite, vom Stall aus, hatte ich flüchtig einen Münzfernsprecher wahrgenommen. Ich suchte nach Kleingeld und fand ein Markstück und drei Zehner. Durch eine Lücke in den beiden Torflügeln sah ich Günther in die Halle reiten. »Wo bleibt die Nummer 11?« hörte ich gleich darauf eine Stimme fragen.
»Kommt nicht!« verkündete Günther.
»Dann bitte ein anderer Reiter in die Bahn – die 17, damit's hier endlich weitergeht!«

Ich lächelte schwach. Die Nummer 11 war längst über alle Berge ...
Das brachte mich wieder darauf, Herrn Grünbaum anzurufen, damit er sich keine Sorgen machte, wenn Alpenveilchen reiterlos beim Stall auftauchte.
»Herr Grünbaum? Folgendes ...« Ich schilderte ihm, was geschehen war.
»Das ist ja ...!« Er unterdrückte einen Fluch. »Ich werde die Stute versorgen. Soll ich dich abholen?«
»Danke, ich rufe meine Eltern an.« Beim Gedanken daran seufzte ich tief. »Sie werden bestimmt gleich kommen. Wir schauen dann nach Alpenveilchen. Hoffentlich bleibt sie unverletzt.«
»Die bestimmt«, meinte Herr Grünbaum grimmig. Und nach kurzer Pause: »Miriam — wäre es nicht doch besser, sie wieder zu verkaufen?«
Ja, dachte ich, aber ich sprach es nicht aus.
»Es tut mir leid, daß ich euch die Stute verkauft habe. Ich dachte nicht, daß sie sich so unmöglich benimmt.«
»Schon okay«, flüsterte ich und fühlte mich plötzlich sehr müde.
Ich war glücklich, als Mama und Papa mich abholten. Schon am Telefon hatte Mama mich mit dem Wie, Was, Warum bestürmt, aber dann war glücklicherweise mein Geld durchgerutscht, und das hatte mir genaue Erläuterungen erspart.
Jetzt aber wollten meine Eltern natürlich alles wissen. Susan hatte mir schon ihr tiefstes Mitgefühl ausgedrückt, ich hatte ihr viel Glück gewünscht — ach, und jetzt wollte ich mich nur noch im Auto zurücklehnen und nach Hause fahren.
Mama packte mich in eine Decke, damit ich das Auto nicht verschmutzte, und dann machten wir uns auf den Rückweg. Es fiel mir schwer zu berichten, denn ich war müde und unglücklich und fühlte mich steif und angeschlagen. Ich fröstelte. Ich sehnte mich nach trockenen Kleidern.

Aber natürlich mußten wir zuerst in den Stall. Alpenveilchen war heil geblieben und blitzte uns wütend an, als wir nach ihr schauten. Wir konnten beruhigt nach Hause fahren. Das Pferd war warm eingedeckt und versorgt, jetzt war ich an der Reihe.
Mama verwöhnte mich mit Leckereien und später mit einem kräftigen Mittagessen, und Papa wollte immer wieder hören, wie sich der Zwischenfall abgespielt hatte. Ich hatte es satt, wieder und wieder zu erklären! Ich war nur traurig und kaputt und wollte meine Ruhe.
»Ausgerechnet Alpenveilchen«, sagte Papa mehrmals und schüttelte verwundert den Kopf, als könne er es noch immer nicht glauben. »Wir werden sie verkaufen«, meinte Mama irgendwann und sprach es somit zum erstenmal ganz klar und deutlich aus.
Doch wir konnten das Thema nicht vertiefen, denn Susan kam nach Hause, von Günthers Vater mitgebracht, und fegte zwei weiße Rosetten und einen Umschlag mit Preisgeldern auf den Tisch.
»Der Dicke war super«, meinte sie, »nur im zweiten A-Springen hatte er einen Klotz, aber das war meine Schuld.«
»Wie ist's den anderen ergangen?« wollte ich wissen.
»Sie fragten nach dir, klar — und waren empört über Alpenveilchen, dieses Biest. Wie fühlst du dich jetzt? Gut? Prima! Tut mir so leid für dich, wirklich.«
Ich lächelte in mich hinein und ließ sie reden. Ich kannte doch meine Schweter! Ihr Geplauder lenkte mich ab, und das war gut so. Ich wollte abgelenkt werden. Ich wollte nicht mehr an Alpenveilchen denken. Ich wollte am liebsten nie mehr an sie denken.

Kein Lichtblick

»Klar wirst du melden«, bestimmte Susan einfach und schaute mich vernichtend an. »Das wäre ja noch schöner! Ist doch nur das Babyturnier!«
»Eben«, bekräftigten Angie und Annette wie aus einem Mund.
Wir standen am Zaun von Bobbys Koppel und beobachteten Bobby und das Shetlandpony, die gierig das saftige Frühjahrsgras abrupften. Die Pferde unter uns verhielten sich ganz still. Ich hatte Waldgeist unterm Sattel. Auf Alpenveilchen hatte ich seit jenem Turnier am letzten Wochenende nicht mehr gesessen.
»Wollen wir umkehren?« fragte Annette dann.
»Bobby geht's ja gut, und bezahlt haben wir auch.«
Im Gänsemarsch traten wir den Heimweg an. Die Sonne lachte von einem zartblauen Himmel, und ein leichter Wind spielte in den Mähnen unserer Pferde. Überall roch es nach Frühling, einem schönen, strahlenden Frühling mit lauer Luft und duftenden Bäumen.
Nur das Babyturnier, dachte ich, klar doch, nur ein Babyturnier! Unser Verein veranstaltete zwei Turniere im Jahr, das kleine, mit vielen Prüfungen für junge Reiter und junge Pferde, fand immer an Pfingsten statt und wurde von uns liebevoll-spöttisch Babyturnier genannt, eben weil viele wenig erfahrene Reiter zu starten pflegten und die guten Reiter ihre jungen, unerfahrenen Pferde mitbrachten. Trotzdem fühlte ich mich mit Alpenveilchen selbst in dieser Konkurrenz vollkommen fehl am Platz.
»Du, Miriam, wie wäre es übrigens...« Susan ließ sich zurückfallen, ritt nun an meiner Seite. »Hättest du nicht Lust, auf Husar ein Springen zu reiten? Und du gibst mir Alpenveilchen für eine Dressur.«
Ich blickte sie an, verstand nicht, weshalb sie diesen Vorschlag machte, und versuchte es zu ergründen. Es gelang mir nicht. »Hm«, grunzte ich deshalb nur.

»Du, sollen wir? Das wird bestimmt lustig.«
»Lustig!« tönte Angie und lachte sich halb tot.
Mir war gar nicht nach Lachen zumute. Susan wollte nur nett zu mir sein. Lieb von ihr. Aber trotzdem . . .
»Meinethalben«, brummte ich und hatte nicht die geringste Lust, überhaupt zu starten.
Am Montag schickte ich meine Nennung weg. Zwei A-Dressuren und eine L-Dressur. Die eine A sollte Susan reiten, sie war nur für Leistungsklasse 5 ausgeschrieben. Ich war mit Husar in einem Zeitspringen für Amazonen gemeldet. Puh! Lieber Husar springen, als mit Alpenveilchen Dressur reiten.
Wohl oder übel mußte ich ein wenig trainieren, schon weil die Blamage anders noch größer werden würde.
»Vielleicht findet sich während des Turniers ein Käufer«, mutmaßte Mama. Sie hatte endgültig beschlossen, Alpenveilchen nicht mehr zu lieben. Sie hatte eingesehen, daß die Stute auf unsere Liebe keinen Wert legte und sie nur mit Abneigung beantwortete. »Vielleicht — wenn sie gut geht . . .«
»Wenn sie gut ginge, müßten wir sie nicht verkaufen«, knurrte ich. »Sie wird sich und mir den Hals brechen.«
»Dann ist das Problem ja ebenfalls gelöst«, flachste Susan.
Mir war nicht nach Lachen zumute, daher warf ich ihr einen bitterbösen Blick zu.
Papa senkte raschelnd die Zeitung, hinter der er sich verschanzt hatte, und blickte uns über den Rand seiner Brille hinweg streng an.
Er beherrschte diesen »Lehrerblick« einfach perfekt. Man überlegte sich sofort, ob man seine Hausaufgaben gemacht hatte und hörte auf, das Kaugummi geräuschvoll im Mund herumzudrehen.
»Wißt ihr übrigens schon das Neueste?« fragte Papa dann jedoch harmlos und milde.
»Ja«, behauptete Susan und deutete auf Papas Pantoffel, »Mitzi hat deinen rechten Schuh zerkaut.«

»Was?« Papa fuhr hoch und starrte auf den Hausschuh, an dem eindeutig die elegante rostbraune Borte fehlte. »Unverschämtheit!« wetterte er dann und ließ die Zeitungsblätter zu Boden fallen. »Wo steckt das Untier?«

»Was ist denn das Neueste?« wollte Mama wissen und bemühte sich zu übersehen, daß Pedro in wilder Freude die Zeitung zerfetzte und dabei fauchte.

»Die alte Frau Färber will den Birnbaumhof verkaufen«, verkündete Papa großartig, gab die Suche nach Mitzi auf und sank wieder aufs Sofa. Als er sich erneut seiner Lektüre widmen wollte, stellte er fest, daß die Zeitung mittlerweile längst Pedros Krallen zum Opfer gefallen war. Papas Gesicht rötete sich.

»Da soll mich doch . . .!« brüllte er, und Pedro stolzierte ungerührt von dannen.

»Der Birnbaumhof?« rief Susan erregt. »Uiii! Der wäre was für uns!«

»Und die alte Frau Färber?« erkundigte Mama sich. »Zieht die zu ihrer Tochter? Das wird aber eng.«

»Wieso?« fragte Susan.

»Frau Schindling wird die Welt wieder mit Nachwuchs beglücken«, erläuterte Mama.

»Aber der Birnbaumhof – der wäre was für uns«, beharrte Susan. Ihr Interesse am Färber-Nachwuchs war nicht besonders groß.

»Sie werden wohl alle umziehen müssen«, überlegte Mama versonnen. »Vielleicht bekommt die Färber-Tochter noch mal Zwillinge? Oder aber Vierlinge. Das soll's ja in manchen Familien geben – eine Veranlagung zu Mehrlingsgeburten.«

»Ihr würde ich's zutrauen«, brummte Papa.

»Ich finde Zwillinge toll«, meinte Susan.

»Aber nicht Färber-Zwillinge«, mischte ich mich ein.

»Nö, die nicht. Aber sagt mal, der Birnbaumhof, wäre der nicht wirklich was für uns?« Susans Augen bekamen einen hellen Glanz, und ihre Wangen glühten röt-

lich. »Und die Färber-Tochter, die war doch so begeistert von unserem Haus. Mensch, wäre das nicht die Wucht?«
Unsere Eltern waren nur irritiert, aber mir gelang es sofort, Susans verworrene Gedankengänge zu entwirren. Nun begannen auch meine Augen zu leuchten. Wir blickten einander an, eifrig, aufgeregt, mit fiebrigem Blick.
»Wenn das klappen würde — wenn das nur...«
Wir schnappten nach Luft.
Doch zunächst wurde das Thema nicht mehr berührt. Schule und Pferde nahmen unsere Zeit voll in Anspruch. Ab und zu kam Papa in den Stall, um Husar zu reiten. Nach langem Hin und Her hatte Susan ihm gnädig erlaubt, Husar im Senioren-Reiterwettbewerb zu starten, und nun gab sie Papa hin und wieder eine Stunde, nicht aus Begeisterung, sondern weil sie auf Husar aufpassen wollte.
»Welch egoistische, tyrannische Fratzen ich in die Welt gesetzt habe«, schnaubte Papa von Zeit zu Zeit entrüstet. Er schnaubte meistens dann, wenn er mit wackligen Beinen und dunkelrotem Kopf ächzend aus dem Sattel glitt.
»Mama hat uns in die Welt gesetzt«, korrigierte Susan dann kurz und kühl.
»Erlaube mal, daran beteiligt war ich wohl auch.« Papa grollte und ärgerte sich über uns, und wir, wir blickten ihn kaugummikauend und seelenruhig an.
Vielleicht waren wir wirklich eklige Fratzen? Trotzdem war unser Familienleben ganz idyllisch und glücklich.

Und wieder einmal stand ein Turnier vor der Tür. Der Birnbaumhof war noch nicht verkauft, und Susan und ich hofften nach wie vor, daß vielleicht wir ihn kaufen und bald auch bewohnen könnten. Es war ein geräumiges, altes, gemütliches Haus, Stallungen, eine Weide, ein Obstgarten, Gemüse- und Blumenbeete. Der

Hof war viel zu groß für eine alleinstehende alte Frau, für uns aber wäre er geradezu ideal.
»Nach dem Turnier bearbeiten wir unsere Eltern«, nahmen wir uns vor.
Nach dem Turnier – daran klammerte ich mich. Alpenveilchen hatte es geschafft, mir Turniere gründlich zu verleiden. Vielleicht würde sie mich noch so weit treiben, daß ich überhaupt nicht mehr reiten wollte. Ob das ein Pferd schaffen konnte?
»Denkt nur, ich muß am Eingang sitzen und kassieren«, teilte Mama uns am Abend vor dem ersten Turniertag mit. »Und Programme verkaufen. Ausgerechnet diesen Posten habe ich bekommen.«
»Dafür warst du letztes Jahr bei Kaffee und Kuchen und im Jahr davor bei der Preisverteilung«, erinnerte Susan mitleidlos. »Man kann nicht immer nur die schönen Sachen bekommen.«
Unsere Eltern gehörten natürlich zu den zahllosen freiwilligen Helfern, und heute abend waren sie eingeteilt worden.
Papa war mit seiner Aufgabe recht zufrieden. Er war für die Gastpferde zuständig, die in der Halle eingestellt wurden, mußte die Leute einweisen und ihnen zeigen, wo ihre Pferde standen.
»Wie lächerlich«, fand Susan. »Da hast du ja nichts zu tun.«
Papa freute sich, nicht im Bierzelt gelandet zu sein. »Vielleicht schaffe ich es, irgend jemandem Alpenveilchen anzudrehen«, überlegte er. »Man kommt ja automatisch ins Gespräch.«
Wir hatten nicht mehr darüber gesprochen, aber eigentlich war die Sache entschieden: Wir wollten Alpenveilchen verkaufen, nur in gute Hände natürlich. Es hatte keinen Sinn mit der Stute, sie konnte uns nicht leiden, und ich kam beim Reiten nicht klar mit ihr. Papa natürlich noch viel weniger. Bevor mir das Reiten ganz verleidet würde ...

Kein Happy-End, dachte ich manchmal. Alpenveilchen entdeckte nicht plötzlich ihre Liebe zu mir, verwandelte sich nicht wie von Zauberhand und gewann nicht einen Preis nach dem anderen. Wir würden ein neues Pferd bekommen, das stand fest. Aber ein bitterer Beigeschmack würde bleiben, ein Anflug von Traurigkeit, von Resignation, ein Gefühl, versagt zu haben.

Der Turniersamstag begann mit hellem Sonnenschein. Ein gutes Omen, entschied Susan, als wir früh, viel zu früh aus den Betten hechteten.
Sie schien recht zu behalten. Gleich im ersten Springen des Tages wurde sie zweite hinter Angie auf Absalon. Ein toller Einstand! Günther, sehr zufrieden mit dem Auftakt, den wir Mädchen geliefert hatten, sicherte sich im Punktespringen der Klasse L den dritten Platz mit Achill und wurde mit Waldgeist noch Achter. Dann war meine erste Dressur dran. Mir graute davor. Während ich abritt, lustlos und müde und außerdem schon wieder hungrig, beobachtete ich mit einem Auge die Plazierung der Materialprüfung, die gerade auf dem Viereck stattfand. Gewonnen hatte ein großer brauner Hengst, Zweiter war ein imponierender Apfelschimmel, den dritten Platz belegte eine Rappstute, deren Fell in der hellen Sonne wie von Silber übergossen schimmerte.
»Tolle Pferde gibt's«, seufzte ich und rettete mich gleich darauf vor dem Abschmieren, indem ich mich am Sattel festklammerte, als Alpenveilchen total grundlos zu buckeln begann. Die Plazierten drehten ihre Ehrenrunde, und ich bemühte mich weiterhin, Alpenveilchen locker zu machen. Natürlich vergebens.
Und dann gleich die L-Dressur, zum Glück auf Trense, die Kandaren-L hatte ich gar nicht erst gemeldet, ich wäre wohl vom Viereck geschickt worden.
Wir waren als fünfte dran, und mein einziger Gedanke war, es irgendwie hinter mich zu bringen. Alpenveil-

chen ging verhalten, unwillig, mit eingeklemmtem Schweif und ebenso zurückgeklemmten Ohren. Sie galoppierte katzbuckelnd beinahe auf der Stelle, der Schritt war gebunden und nicht klar im Takt.
Wertnote 4,0. Na, besten Dank, darüber konnte man sich bei der Leistung ja fast noch freuen. Ohne noch einmal rechts oder links zu schauen, ritt ich am langen Zügel Richtung Stall.
Alpenveilchen starrte wütend auf die fremden Pferde und die vielen Leute, die ihr auf den Nerv gingen, und zackelte mit klapperndem Gebiß den breiten Weg vom Viereck zum Stall entlang.
Ich ritt durch die Halle, vielleicht nur, um Papa zu treffen und ein tröstliches Wort zu hören. Papa kann manchmal seltsam sein, aber nach verpatzten Prüfungen ist er meistens lieb und verständnisvoll.
»Wie war's denn?« rief er mir auch schon zu, kaum, daß er mich erspäht hatte.
»Besch ... eiden ist ein Kompliment«, erwiderte ich und glitt aus dem Sattel.
Papa seufzte. »Arme Miriam. Tut mir leid. Aber warte mal, vielleicht finden wir bald ein besseres Pferd, ich habe dieses Theater auch allmählich satt.«
Als er am Nachmittag ritt, übernahm ich seinen Posten, begrüßte Gastreiter, zeigte ihnen, wo ihre Pferde stehen sollten. Schöne Pferde, gute Pferde, natürlich auch ein paar Krücken, aber viele Tiere, die mir ganz gut gefielen.
Dann kam Papa zurück, mit einer roten Rosette für den fünften Platz, stolz und glücklich, ein Loblied auf Husar auf den Lippen. Ich konnte ihn verstehen. Husar war eben unser bestes Stück. Ich übernahm ihn, denn er mußte mich noch durchs Amazonenspringen tragen. Brav tat er seine Pflicht, nicht mit der Begeisterung, mit der er für Susan sprang, aber willig, drauf bedacht, mich mitzunehmen, mich nicht zu überrumpeln. Ein Klotz, was machte es, ich hatte nicht mit ei-

nem Sieg gerechnet. Ehrenhalber wurde ich dann noch plaziert, eigentlich nur deshalb, weil ich vom gastgebenden Verein war. Sieben hätten plaziert werden müssen, man nahm mich großzügig als Achte noch hinzu. Ich freute mich darüber. Ich gönnte es Husar und war glücklich, wenigstens mal wieder eine kleine Schleife ergattert zu haben.

Als wir abends nach Hause fuhren, hatten Mama und Papa ihre Posten schon verlassen. Papa saß bereits wieder zeitunglesend auf dem Sofa, während Mama die Tiere fütterte, gut und reichlich. Für unser Essen hatte sie auch schon gesorgt.

»Ich habe übrigens die Färber-Tochter getroffen«, erzählte sie, während sie uns Nudeln und Fleischsoße auf die Teller häufte. »Sie ging mit ihrer Mutter spazieren, schlich um unser Haus herum. Ich glaube, sie haben ein Auge darauf geworfen.«

»Haben sie schon lange«, brummte Papa und witterte dann den Fleischduft. Seine Nasenflügel bebten. Eine Sekunde später saß er mit am Tisch.

»Wenn wir nun . . .« Mama brach ab.

Wir starrten sie an. Hatte sie etwa auch . . .? Sie hatte. Hatte den gleichen Gedanken wie Susan und ich.

»Vielleicht würden sie dann Ruhe geben«, meinte sie. Papa lachte. »Aus diesem Grund verkauft man kein Haus«, behauptete er. Jedenfalls hatte auch er verstanden. Wir schwiegen gespannt, aber offensichtlich wollte er nicht weiter auf unsere verrückte Idee eingehen.

»Ich habe heute einige schicke Pferde gesehen«, erzählte er statt dessen, natürlich mit vollem Mund, was wir nie durften. »Eines hat mich sehr an Alpenveilchen erinnert, eine Rappstute. Hast du sie nicht gesehen, Miriam?«

Ich hob die Schultern und kaute weiter. Schließlich konnte ich mich nicht an jede Rappstute erinnern.

»Ich finde auch, daß nur ein schwarzes Pferd in Frage kommt«, sagte Mama zusammenhanglos.

»Rappe«, knirschte Susan. Spaghetti baumelten in ihren Mundwinkeln; sie sah richtig gefährlich aus.
»Sie wurde Dritte in irgendeiner Prüfung, kam mit einer weißen Schleife in den Stall«, nahm Papa den Faden wieder auf.
In mir blitzte eine Erinnerung auf. »Ganz schwarz bis auf eine rosa Schnippe zwischen den Nüstern?« fragte ich. »Dann habe ich sie in der Materialprüfung gesehen. Muß vierjährig sein. Hübsches Pferd, groß, elegant, könnte mir auf dem Viereck gut gefallen.«
Susan setzte mit Kauen aus. »Ob sie zu verkaufen ist?«
»Noch haben wir Alpenveilchen«, protestierte Papa.
Mama seufzte unglücklich. »Ich hasse es, ein Pferd zu verkaufen.«
»Werde die erst mal los«, murmelte ich, während Susan temperamentvoll ausrief: »Ich liebe es, ein neues zu kaufen! Du, Miriam, ob die was für dich wäre?«
»Entweder ist sie mies, oder sie ist gut und unbezahlbar oder unverkäuflich«, murmelte ich.
»Iß ordentlich«, mahnte Papa gutgelaunt. »Ich werde die Leute morgen mal fragen. Die Stute startet noch einmal, sie ist über Nacht in der Halle geblieben. Du solltest sie dir mal anschauen.«
»Mensch, Miriam!« Susan strahlte.
Sie schien wohl zu denken: Alles besser als Alpenveilchen. Das mochte stimmen. Aber ich wollte nicht schon wieder ein Pferd bekommen, nur weil es Papa gefiel und die Farbe nach Mamas Ansicht stimmte.
»Mal sehen«, meinte ich also zurückhaltend.
Natürlich schaute ich mir die Stute an. Sie startete in der Reitpferdeprüfung und benahm sich tadellos. Der Schritt war gut, die Galoppade noch etwas flach, nicht ganz rund, aber in sauberem Takt. Der Trab hatte nicht den allerletzten Raumgriff, war aber für meine Ansprüche gut genug. Insgesamt wirkte das Pferd unfertig, übereifrig — aber eifrig! Es wollte ja, es machte mit. Wie viel das wert war, wußte ich mittlerweile.

Kopfnummer 29 — ich blätterte im Programmheft, wollte etwas über die Abstammung der Stute erfahren. Und dann ging mir beinahe der Hut hoch.
Die Abstammung — der Züchter — die Stute stammte aus demselben Stall wie Alpenveilchen, hatte denselben Vater, denselben Großvater mütterlicherseits. Ich schnappte nach Luft. Eine Schwester von Alpenveilchen. Ein schlechtes Omen? Hieß das: Hände weg, nur nicht kaufen, gar nicht näher anschauen?
Ich war so durcheinander, daß ich vergaß, auf das Springen der Stute zu achten. Ich hörte nur noch die Wertnote, die erkennen ließ, daß Springen wohl nicht die große Stärke des Pferdes war. Es brachte sich so um eine Plazierung. Trotzdem gefiel es mir. — Hilfe, es gefiel mir! Ich tapste der Rappstute nach zur Halle, registrierte Papas verschwörerisches Augenzwinkern, starrte nur auf die Stute, beobachtete, wie das Pferd abgesattelt wurde.
Plötzlich stand Susan neben mir. »Ist sie das?«
Ich nickte matt. »Eine Schwester von Alpenveilchen, derselbe Züchter ....«
Susan blickte mich mit offenem Mund an. »Na — und?« brachte sie endlich hervor.
»Sie ist gut«, murmelte ich gepreßt.
»Lieb? Rittig?«
Die Stute tastete mit den Lippen nach dem jungen Mann, der sie geritten hatte und nun versorgte, freundlich, zutraulich.
Also nickte ich. Rittig war sie wohl, und lieb schien sie auch zu sein.
»Und?« fragte Susan. »Und?«
Und was? Was wollte sie wissen? Ob mir die Stute zusagte, ob ich sie haben wollte? Man müßte sie reiten, kennenlernen — ach, man müßte wissen, ob sie verkäuflich war, was sie kosten sollte. Man müßte Alpenveilchen verkauft haben, denn drei Pferde konnten wir uns nicht leisten.

»Wenn wir den Birnbaumhof kaufen könnten, unser Haus abgeben. Drei Pferde – das ginge dann.« Susan knabberte an den Nägeln, was sie sonst nie tat. »Dann könnte man sich mit Alpenveilchens Verkauf Zeit lassen, und die Dame hier könntest du dir sichern.«
Wir blickten einander an. Dann hob ich die Schultern und stieß die Luft aus. »Ach, ich weiß nicht.«
»Sprich mit Papa. Ich muß mit Alpenveilchen in die A-Dressur. Komm durch die Halle, vielleicht weißt du dann schon was. Oje, bin ich aufgeregt!«
Susan stob davon. Ich blieb noch eine Weile wie angewurzelt stehen, dann wandte ich mich langsam um, ging, um Papa von der Stute zu erzählen.

Noch immer pferdeverrückt

Astra Maris hieß sie. Ein seltsamer, ungewöhnlicher Name, poetisch und ziemlich geschraubt klingend. Anders als Alpenveilchen und doch ähnlich in seiner gestelzten Art. Astra Maris. Ich würde sie Hexe nennen, weil sie so ein freches Gesicht hatte.
Komisch, für das fremde Pferd fiel mir sofort ein passender Rufname ein. Alpenveilchen hatte bis heute keinen bekommen.
Alpenveilchen – sie wußte es nicht, aber eigentlich war ihr Schicksal bereits besiegelt.
Sie würde nicht unser Pferd bleiben. Ob Hexe unser Pferd werden würde, stand noch nicht fest.
Papa hatte mit Hexes Besitzer gesprochen, locker und unverbindlich, eine harmlose Plauderei, und hatte die Sprache auch auf Alpenveilchen gebracht.
»Ach ja – Alpenveilchen.« Man lächelte etwas schief. Die Leute schienen also zu wissen, welch fragwürdiges Gewächs sie da herangezogen hatten.
»Und Astra Maris?« Papa hatte sich sogar über ihren Namen informiert.

»Die ist anders! Ganz anders. Ein gutes Pferd. — Wollen Sie Alpenveilchen wieder verkaufen?«
Papa druckste herum.
»Vielleicht als Zuchtstute. Sie hat eine gute Abstammung. Eventuell wüßten wir da sogar jemanden ...«, sagte der Mann.
Ein Pferd verkaufen war etwas Abscheuliches. Man fühlte sich elend und schuldig. So war es damals bei Samantha gewesen. Aber Samantha hatten wir gemocht. Alpenveilchen mochte keiner von uns. Eigentlich ein armes Pferd? Vielleicht. Sie hatte alle Chancen bekommen. Mit ein wenig Freundlichkeit hätte sie sich das beste Zuhause erhalten können. Und trotzdem. Man fühlte sich abscheulich und gemein.
Alpenveilchen hatte Susan vor den Richtern in den Sand gesetzt, mit zwei hohen, wilden Sprüngen, und war wie eine Wahnsinnige zum Stall gedonnert, mit funkensprühenden Eisen. Durch die Halle war sie gejagt und hatte die Gastpferde erschreckt, aufgescheucht, rebellisch gemacht. Zwei hatten sich losgerissen, eines hatte dabei einen Hund über den Haufen gerannt; zum Glück war dem Hund nichts passiert.
Vielleicht gab das den allerletzten Ausschlag. Ich startete in der zweiten A-Dressur nicht mehr. Ich durfte Hexe probereiten.
Hexe — für mich war sie bereits Hexe.
Vielleicht würden wir endlich ein Pferd bekommen, das uns allen gefiel, das wir alle gemeinsam begutachtet und ausgesucht hatten.
Ich mochte Hexe. Sie war übereifrig, mutwillig, drollig, anschmiegsam.
Sie war nicht gerade billig. Aber wenn wir Alpenveilchen an jenen Züchter verkaufen könnten ...
Manche Leute hängen ihr Geld an teure Urlaubsreisen und schicke Autos. Andere lieben Kleider und Schmuck. Wir gaben fast jeden Pfennig, der übrigblieb, für unsere Pferde aus.

»Kauf sie, Miriam«, redete Annettes Großvater mir zu.
»Das ist ein gutes Pferd.«
»Und das Geld? Der Kaufpreis?«
Er zwinkerte mir nur zu, wortlos, seine kleinen hellblauen Augen lächelten. Ich verstand. Er selbst konnte sich eigentlich kein Pferd leisten und tat es dennoch. Irgendwie mußte es gehen. Wenn man mit Leib und Seele Pferdenarr ist, muß es, wird es gehen. Da kann man Unmögliches möglich machen.
Und unmöglich war es in unserem Fall nicht. Natürlich, die Leute würden wieder klatschen, über die Gäule, die Autos, das Haus — über den neuen Gaul dann eben insbesondere. Und das schöne Haus? Vielleicht würden wir es verkaufen. Der Birnbaumhof, das alte Gemäuer lockte. Selbst Papa schien nicht abgeneigt. Ein neues Haus gegen ein altes — ein guter Tausch in unseren Augen. Und Färbers würden sich ins Fäustchen lachen und glauben, uns gut ausgetrickst und übervorteilt zu haben, uns arme Spinner, uns größenwahnsinnige Verschwender.
Wir wußten es, ahnten es im voraus. Aber es kümmerte uns nicht. Es war so unwichtig. Es gab Wichtigeres, Entscheidenderes. Die Entscheidung um Hexe.
»Würdest du sie mögen, Miriam?«
Angie, Annette, Günther umstanden mich. Da war wieder das kleine Lächeln in den blauen Augen von Annettes Großvater.
»Das kann man doch so nicht entscheiden«, wehrte ich hilflos ab.
Papas Blick, der Blick von Hexes Züchter. Hexe stupste mich ganz leicht an, bedachte mich mit sanftem Suchen ihrer rosagetüpfelten Lippen. Das hatte ich erst später bemerkt, daß sie kleine rosa Tupfen auf Ober- und Unterlippe hatte. Ich schmolz dahin. Das Pferd war zutraulich, lieb, gut veranlagt.
Es hatte sogar die richtige Farbe. Ich mußte lachen, als mir dieser Gedanke kam.

»Ich brauche ein wenig Zeit«, schwindelte ich.
Nur nichts überstürzen! Dabei stand meine Meinung schon fest.
»Eben«, murmelte Papa und dachte dabei sicherlich an den Kaufpreis.
»Mama kennt sie noch nicht«, mischte Susan sich ein. »Und unsere Pferde sollen schließlich Familienpferde sein.«
»Lassen Sie sich Zeit«, meinte Hexes Züchter liebenswürdig und zurückhaltend.
Aber nicht zu lange, fügte ich in Gedanken hinzu.
Es würde, es mußte klappen! Ich wollte es, ich wünschte es. Gab es Hindernisse, mußten sie überwunden werden. Hatten nicht gerade wir die besten Voraussetzungen, es zu schaffen? Die erste, wichtigste Voraussetzung brachten wir auf alle Fälle mit: Wir waren hoffnungslos pferdeverrückt.